# Wir planen unsere Hochzeit

Alle Rechte vorbehalten. Jede gewerbliche Weiterverwendung der Texte und Bilder, auch ein auszugsweiser Nachdruck oder die Übernahme auf Ton- und Bildträger, bedarf der ausdrücklichen Genehmigung des Verlages. Dies gilt insbesondere für Vervielfältigungen, Übersetzungen, Mikroverfilmungen sowie die Einspeicherung und Verarbeitung in elektronischen Systemen. Es ist nicht gestattet, Abbildungen dieses Buches zu scannen, in PCs oder auf CDs zu speichern oder zu verändern oder einzeln oder zusammen mit anderen Bildvorlagen zu manipulieren, es sei denn mit schriftlicher Genehmigung des Verlages.

Die im Buch veröffentlichten Beiträge wurden sorgfältig erarbeitet und geprüft. Autorin, Redaktion und Verlag können aber dennoch keine Haftung für die Gültigkeit des Gesagten übernehmen.

© 1998 Hampp Verlag GmbH, Stuttgart

Text: Carolin Schuhler
Umschlaggestaltung & Layout: Andrea Burk, Stuttgart
Umschlagfoto: The Stock Market
Reproduktion: BTB Bild und Text GmbH Baun, Fellbach
Satz: pws Print & Werbeservice Stuttgart GmbH
Druck und Bindung: Grafische Betriebe Gooss & Co., Goslar
Gesamtherstellung und Produktion: Hampp Verlag GmbH, Stuttgart

Bildnachweis:
AoK: 98; Clarins: 79; CMA: 70; Eschenbach: 58 (links unten); DWI/Hartmann Fotodesign: 58 (rechts); Hutschenreuther: Abb. vor S. 5, 5 (links unten), 27 (rechts unten), 28 (links), Abb. vor S. 37, 59 (rechts oben); Ilona Mertelmeyer Dekorationen: 94 (links oben); Image Club Graphics: 100 (rechts); Kleemeier: 14 (rechts), 85; Kunert: 15, 16 (links), 87-88; Link, Judith: 24, 93 (rechts), 107; Mexx: 6 (links), 23 (unten); mt-color: 5 (links oben), 6 (rechts), 8-10, 14 (links), 16 (links oben), 18, 23, 25, 26 (rechts), 27 (oben), 28 (links oben), 29, 32, 35, 37, 58 (Einklinker), 59-60, 71, 76, 78 (unten), 92, 93 (links), 94 (links und rechts unten); Schoeffel: 1, TINA Coloured Shoes: 83 (rechts unten); Tony Stone: Abb. vor S. 87; wash & go: 7; Weise Braut- und Festmoden: 16 (rechts), 78 (links oben), 82, 83 (links), 97; Weiss & Christ: 11; Wilvorst: Abb. vor S. 23, 26 (links), 28 (rechts), 84 (rechts); Yves Rocher: 84 (links), 99-100.

Printed in Germany
**ISBN 3-930723-17-4**

# Inhalt

**Wir trauen uns: Was eine Hochzeit heute bedeutet** 5
Zeitenwandel: Nicht müssen, sondern wollen 5
Wen Sie heiraten ist Ihre Sache – aber nicht wie 6
„Als Verlobte grüßen..." 7
Jetzt wird's amtlich – der Besuch beim Standesamt 8
Die kirchliche Trauung 14
Wie sag' ich's meinem Vater? 14
Was ändert sich? 15
Brauchen wir einen Ehevertrag? 18

**Feste feiern – aber wie?** 23
Eine bedeutende Angelegenheit 23
Elternwünsche 23
Mit Phantasie – und dem Sinn fürs Praktische 24
Party-Splitting 25
Die Trauung auf dem Standesamt 26
Der Empfang 27
Das Festessen 27
Der Nachmittags-Kaffee 28
Die Party 28
„Geht nicht" geht nicht! 29
Nur „Ja" sagen muß das Paar selbst: Wie arbeitet ein professioneller Hochzeitsservice? 29
Von Luft & Liebe ... – Ihr Finanzplan 32
Zeitplan: Was passiert wann? 35

**Jetzt wird's konkret** 37
Die Einladungen 37
Die Qual der Wahl – Gästelisten 37
Das Ziel: Eine schöne Bescherung 58
Geschenkideen: Von Scheinen und Gutscheinen 59
Haushaltshilfe: So bekommen Sie, was Sie wirklich brauchen 59
Ihre Wunschliste 60
Ihr Party-Plan 70
Die wichtigsten Elemente 70
So nehmen Sie's leicht 71
Nach dem „Wie" das „Wo": An welchem Ort wird gefeiert? 78
Die Kunst des Delegierens 78
Überblick: Wer macht was? 79
Braut-Show: Ihr Traumkleid 82
Traumrobe für die Märchenhochzeit, das kleine Graue fürs Standesamt 82
Accessoires 83
Pfennige für den Brautschuh ... 83
Der beste Begleiter: Outfit für den Bräutigam 84

**Premierenfieber: Kurz vor dem großen Tag** 87
Plötzliche Panik: Lebenslänglich „gefangen"? 87
Eine Frage der Diplomatie – die Tischordnung 89
Kleine Souvenirs auf dem Tisch 92
Ein paar passende Worte ... 93
Vorsicht, Kamera nicht vergessen! 93
Blumenschmuck 94
Die Schönste an diesem Tag: Beauty-Tips für die Braut 98
Und wenn es regnet? 100
Der Zeitplan für Ihre Hochzeit 102
Wir haben geheiratet! 107

## Erste Schritte

aufgebaut – nicht chronologisch, sondern nach Themenbereichen geordnet. Einen konkreten Überblick über die Monate vor der Hochzeit, Ihrem Countdown zum Glück, finden Sie auf Seite 87ff.
Ganz wichtig für den persönlichen Zeitplan: Achten Sie darauf, daß Sie selbst trotz all der Dinge, die Sie tun müssen/sollen/wollen, nicht zu kurz kommen. Paare, die alle Vorbereitungen gemeinsam und in Ruhe angehen, profitieren noch lange nach der Hochzeit davon: Schließlich haben sie schon vor der Ehe eine großartige Zeit miteinander verlebt; ganz besondere Erfahrungen inklusive Vorfreude und Lampenfieber miteinander geteilt.

### „Als Verlobte grüßen ..."

Was bedeutet heute eigentlich noch das Wort Verlobung? Im juristischen Sinne: nichts. Denn das Bürgerliche Gesetzbuch kennt als Begriff nur das „Verlöbnis" – das Versprechen einer Frau und eines Mannes, daß sie einander heiraten wollen. In welcher Form man dieses Versprechen leistet, spielt keine Rolle: Verlobungsringe oder -anzeigen sind nicht obligatorisch; die meisten Paare feiern ihre Verlobung inzwischen bei einem Candlelight-Dinner zu zweit. Minderjährige, die sich verloben wollen, brauchen die Zustimmung der Eltern (entloben dürfen sie sich dann allein). Das Verlöbnis gilt als Vertrag, der das Paar zu Verwandten macht. Damit stehen Verlobten beispielsweise bei Prozessen gegen den Partner Zeugnis- und Eidesverweigerungsrecht zu. Wird das Hochzeits-Versprechen gebrochen, kann die Ehe nicht eingeklagt werden. Bei einer geplatzten Verlobung besteht lediglich Anspruch auf die Geschenke, Fotos und Briefe aus der Verlobungszeit.

### Jetzt wird's amtlich – der Besuch beim Standesamt

Der erste Schritt in die Ehe führt direkt zu einer Behörde: Nach deutschem Gesetz ist nur eine staatliche Trauung rechtskräftig, und diese muß beim Standesamt beantragt werden. Bis vor kurzem war noch die Bestellung eines Aufgebots nötig, das mindestens acht Tage öffentlich ausgehängt werden mußte, doch diese Vorschrift wurde 1997 abgeschafft. Jetzt müssen Sie nur noch den sogenannten Antrag auf Eheschließung stellen – und zwar bei dem Standesamt, in dessen Bezirk Ihr Hauptwohnsitz oder der Ihres Partners liegt. Wenn Sie die Trauung selbst von einer anderen Behörde vollziehen lassen wollen, müssen Sie sich von „Ihrem" Standesamt eine Ermächtigung dafür erteilen lassen.

*Ihre Papiere, bitte*
Vorausgesetzt, Sie sind ledig und volljährig, müssen Sie beim Standesamt den Paß, die Abstammungsurkunde, die Aufenthaltsbescheinigung und Nachweise über Ihre berufliche und/oder akademische Ausbildung vorlegen. Bei Sonderfällen, etwa Heirat mit Ausländern bzw. im Ausland, sollten Sie sich beim Standesamt und bei den betreffenden Konsulaten oder Botschaften erkundigen, ob und unter welchen Voraussetzungen die Trauung rechtsgültig ist.

Sind die Formalitäten abgeschlossen, wird sich der Standesbeamte oder die -beamtin nach Ihren Sonderwünschen erkundigen – zum Beispiel, ob Sie Musik während der Trauung haben oder an einem bestimmten Datum heiraten möchten. Tage mit „Schnapszahlen" (z.B. 9.9.99) sowie Freitage in den Sommermonaten sind besonders begehrt. Deshalb: rechtzeitig anmelden! Und weil Ihnen auch die Frage gestellt werden wird, welchen Namen Sie künftig tragen wollen, sollten Sie das zuvor für sich klären. Erfreulicherweise ist das neue Namensrecht wesentlich flexibler als das alte – doch gerade diese Wahlmöglichkeiten sorgen bei manchen Paaren für Zündstoff. Oft geht es dabei gar nicht so sehr um die Frage, wie er oder sie in Zukunft heißen soll, sondern um den Familiennamen des Nachwuchses.

# Erste Schritte

**Tip** *Weil es immer vom Einzelfall abhängt, ob und welche zusätzlichen Papiere benötigt werden, und wie lange es dauert, bis alle erforderlichen Dokumente beisammen sind, sollten Sie den ersten Termin beim Standesamt möglichst früh ansetzen – sechs, mindestens aber drei Monate vor dem geplanten Tag der Hochzeit!*

## Das Namensrecht

Das geltende Namensrecht in Deutschland schreibt keinen gemeinsamen Familiennamen vor. Seit 1994 können Ehepaare zwischen vier Varianten der Namenswahl entscheiden:

* Der Geburtsname des Mannes wird der Ehename des Paares.
* Der Geburtsname der Frau wird der Ehename des Paares.
* Jeder Partner behält den Namen, den er/sie zum Zeitpunkt der Hochzeit geführt hat.
* Der Partner, dessen Name nicht Ehename wird, kann seinen Namen dem Ehenamen anfügen oder voranstellen – wobei mehr als ein Bindestrich nicht mehr erlaubt ist.

Kinder erhalten automatisch den gemeinsamen Namen als Familiennamen. Hat jeder Partner seinen Namen beibehalten, bestimmen die Eltern, ob die Kinder den Namen des Vaters oder der Mutter tragen werden – neugebildete Doppelnamen sind nicht erlaubt!

## Kleines Hochzeitslexikon: Die Brautjungfern

Damit die Braut nicht Opfer böser Geister – und auf neudeutsch: deren negativer Vibration – wurde, stellte man ihr junge, unverheiratete Frauen zur Seite, damit die Dämonen diese mit ihr verwechseln sollten. Das ist der Grund, weshalb die Kleider der Brautjungfern dem Hochzeitskleid der Braut sehr ähneln – eine Sitte, die bis heute beibehalten wird.

*Die Trauzeugen*
Das Gesetz verlangt zwei Zeugen, die volljährig und im Besitz eines gültigen Personalausweises oder Reisepasses sind. Zwar müssen Sie deren Namen vor der Trauung nicht melden, doch die meisten Paare kümmern sich schon sehr früh darum, diese zwei Personen zu bestimmen. Schließlich geht es um die Besetzung zweier sehr wichtiger Nebenrollen! Falls Sie eine kirchliche Trauung planen, gilt das gleiche für Brautjungfern und Blumenkinder.

## Die Dokumente für das Standesamt

erledigt

**Abstammungsurkunde (nicht Geburtsurkunde).**
Diese erhalten Sie bei dem Standesamt, bei dem Ihre Geburt eingetragen wurde.

☐

*Ersatzweise eine*
**beglaubigte Abschrift aus dem Familienbuch oder -register** der Eltern (nicht älter als sechs Monate). Sie muß beim Standesamt des Wohnorts Ihrer Eltern angefordert werden.

☐

**gültiger Personalausweis oder Reisepaß**

☐

**Aufenthaltsbescheinigung von der Meldebehörde Ihres Wohnsitzes** (vom Haupt- und ggf. Zweitwohnsitz) mit Angabe des Familienstands und der Staatsangehörigkeit. Sie sollte nicht älter als einen Monat sein.

☐

**Nachweis über den ausgeübten oder erlernten Beruf** und gegebenenfalls über den akademischen Grad

☐

# Erste Schritte

*Das Wunschdesign der Eheringe:* Schlicht und glatt – oder lieber verziert? Einheitlich oder in einer Herren- und einer Damen-Ausführung? Als erstes sichtbares Symbol Ihrer Heirat kommt den Eheringen eine besondere Bedeutung zu: eine „gemeinsame Anschaffung", über deren Stil sich nachzudenken lohnt. Vielleicht haben Sie ja in einer Zeitschriften-Anzeige bereits ein Modell entdeckt, das Ihnen gefällt. Oder Sie besitzen zeichnerisches Talent – und können Ihrem Partner auf der nächsten Seite gleich demonstrieren, wie Ihr Traumring aussehen soll.

## *Kleines* Hochzeitslexikon: Die Eheringe

In Irland war es früher ganz einfach: keine Ringe – keine Hochzeit. Wer sich den Fingerschmuck nicht leisten konnte, mußte sich mit Leihgaben behelfen, die notfalls der Pfarrer zur Verfügung stellte (und anschließend fürs nächste Brautpaar wieder einsammelte). Die alten Römer ritzten bereits kunstvolle Gravuren in ihre Verlobungsringe, und sogar im Orient trugen Verheiratete am vierten Finger ihrer rechten Hand das goldfunkelnde Schmuckstück. Ähnliche oder identische Ringe als Symbol tiefer Liebe und ewiger Treue zu tragen, ist einer der ältesten Hochzeitsbräuche überhaupt – wobei die Plazierung variieren kann. In England und den USA beispielsweise gehört der Ehering an den Ringfinger der linken Hand; bei den Deutschen sitzt hier der Verlobungsring. Traditionell übernimmt der Bräutigam den Ringkauf, doch inzwischen suchen die meisten Paare ihre Ringe lieber gemeinsam aus. Als „Pärchenringe" werden zwei fast identische Stücke bezeichnet, die sich nur in kleinen Details, beispielsweise in den Ornamenten, unterscheiden. Üblicherweise werden Trauringe graviert: mit Namen oder Initialen des Partners und dem Hochzeitsdatum.

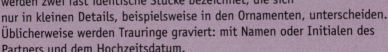

# Entwurf für unsere Traumringe

*Erste Schritte*

Unser Lieblingsmodell aus einer Anzeige

### Die kirchliche Trauung

Der Ablauf dieser Zeremonie hängt von der Konfession, den räumlichen Gegebenheiten der Kirche und vom jeweiligen Pfarrer ab. Zuständig ist der Geistliche, in dessen Gemeinde einer oder beide Partner wohnen, bei einer ökumenischen Trauung kann noch ein zweiter hinzukommen (wodurch sich übrigens die Länge des Gottesdienstes oft glatt verdoppelt – kalkulieren Sie das in Ihrem Zeitplan ein!).

Sollten Sie vor einen anderen Altar treten wollen, brauchen Sie eine Überweisung Ihres Pfarramtes. Weil in den meisten Kirchen nur freitags und samstags getraut wird, sollten Sie sich früh mit dem Pfarrer in Verbindung setzen. Mit ihm können Sie auch spezielle Wünsche wie die Gestaltung des Gottesdienstes, Musik, Dekoration etc. besprechen. Zur Anmeldung einer kirchlichen Trauung werden die Taufbescheinigung, der Nachweis über die Firmung bzw. Konfirmation sowie der Antrag auf Eheschließung beim Standesamt benötigt.

### Wie sag' ich's meinem Vater?

Spätestens nach der Besprechung auf dem Standesamt setzt bei den meisten Brautleuten Hochstimmung ein: Sie haben Großes vor, und das wurde ihnen jetzt von Amts wegen bestätigt! Die Vorfreude auf die Hochzeit, der Stolz auf die eigene Courage, der Spaß am gemeinsamen „Projekt" – all das löst einen Reflex aus, den man auch bei Frischverliebten beobachten kann: Sie möchten, daß alle Welt von ihrem Glück erfährt – und zwar möglichst schnell. Doch bevor

# Erste Schritte

Sie Ihr Handy aus der Tasche reißen und wahllos die erste eingespeicherte Nummer anwählen, holen Sie besser kurz Luft: Wem würden Sie es lieber persönlich erzählen? Wer kann nicht dichthalten und tratscht es allen weiter, bevor Sie dazu kommen?
Und: Was sagen wohl die Eltern? Auch wenn der Bräutigam glücklicherweise nicht mehr beim Vater seiner Liebsten um deren Hand anhalten muß, sollte man sich überlegen, wie die frohe Botschaft auf die Familie wirken wird – schließlich ist die Hochzeit des Kindes auch heute noch ein ziemlich großes Ereignis.
Rechnen Sie auch damit, daß Ex-Freundinnen oder -Freunde auf die „tolle Neuigkeit" möglicherweise viel zurückhaltender reagieren, als Sie es erwartet und vielleicht erhofft haben.

**Was ändert sich?**
Weil die meisten Paare schon vor der Hochzeit zusammenwohnen, bleibt ihre Adresse in der Regel unverändert. Andere Eckdaten des alltäglichen Lebens dagegen verändern sich durch das Ja-Wort mit Sicherheit.

| Die Dokumente für die kirchliche Trauung | erledigt |
|---|---|
| **Taufbescheinigung beider Partner** | ☐ |
| **Firmungs-/Konfirmationsnachweis** | ☐ |
| **Antrag auf Eheschließung vom Standesamt** | ☐ |

hier das Einkommen beider zusammengerechnet und dann die Gesamtsumme halbiert wird, läßt sich die Steuerprogression für den Besserverdienenden senken.
Bei einer Zusammenveranlagung verdoppeln sich auch die meisten Freibeträge, wie etwa der Sparerfreibetrag für Zinsen von 6000 auf 12 000 Mark. Wermutstropfen für den Schlechterverdienenden: Durch die „Aufwertung" gerät er/sie meist in eine neue Einkommensklasse mit wesentlich höherer Besteuerung – die erste Gehaltsabrechnung nach der Hochzeit ist oft ein Schock. Erkundigen Sie sich auf jeden Fall vorher bei Ihrem Steuerberater!

*Steuern*
Ehepaare können zwischen zwei Veranlagungsformen entscheiden: Für die sogenannte Zusammenveranlagung, d.h., das gesamte Familieneinkommen wird gemeinsam, also wie eines, besteuert – oder für die getrennte Veranlagung.
Bei der Zusammenveranlagung dient die Splitting-Tabelle als Basis für die Berechnung der Steuer, bei der getrennten die Grundtabelle. Eine gemeinsame Veranlagung wird vor allem dann empfohlen, wenn einer der beiden Partner wesentlich mehr verdient als der andere: Weil

*Notizen*

*Versicherungen*
Privathaftpflicht-, Hausrat- und Rechtsschutzversicherungen sind sogenannte Familienversicherungen, bei denen Ehepartner und Kinder beitragsfrei mitversichert werden können. Wenn beide Partner eine oder mehrere dieser Versicherungen „in die Ehe einbringen", kann der jeweils jüngere Vertrag fristlos zum Hochzeitstermin gekündigt werden. Überprüfen Sie allerdings unbedingt Ihre Hausratsversicherung – entspricht die alte Summe den neuen Verhältnissen?

In der gesetzlichen Krankenversicherung sind nicht berufstätige Ehepartner und Kinder beitragsfrei mitversichert, in der privaten nicht. In bestehende Lebensversicherungen muß der Ehepartner nachträglich als bezugsberechtigt eingetragen werden. Sollten Sie eine Einzel-Unfallversicherung haben, ist diese zwar nicht auf den Partner übertragbar – die meisten Versicherungsunternehmen bieten jedoch an, sie in eine Familien-Unfallversicherung umzuwandeln. Erkundigen Sie sich bei Ihrem Versicherungsberater!

## Meldung des neuen Ehenamens

| Behörde bzw. Institut | erledigt |
|---|---|
| Einwohnermeldeamt (für neuen Personalausweis oder Paß | ☐ |
| Finanzamt | ☐ |
| Krankenkasse | ☐ |
| Arbeitgeber | ☐ |
| Versicherungen | ☐ |
| Bausparkasse | ☐ |
| Banken, Sparkassen | ☐ |

*Dokumente*

Nehmen Sie bei der Hochzeit den Namen Ihres Partners an? Dann vergessen Sie nicht, Ihre Papiere ändern zu lassen: Personalausweis, Paß, Führerschein, Kfz-Brief, Sparbücher etc. Dazu benötigen Sie die Heiratsurkunde. Informieren Sie auch Ihre Krankenkasse, Ihren Arbeitgeber und Ihre Versicherungen.

**Brauchen wir einen Ehevertrag?**
Diese Frage gehört nicht gerade zu den romantischen Aspekten der Hochzeitsvorbereitungen – wer möchte sich jetzt mit einem eventuellen „Danach" auseinandersetzen? Deshalb hier in aller Kürze und Sachlichkeit das Wichtigste zu diesem Thema:
Paare, die keinen gesonderten Ehevertrag abschließen, leben in dem gesetzlichen Güterstand einer Zugewinngemeinschaft. Das bedeutet: Jedem gehört, was er in die Ehe eingebracht hat und während der Ehe erwirbt, erbt oder geschenkt bekommt. Alles, was das Ehepaar gemeinsam erwirtschaftet, gehört dagegen beiden. Im Falle einer Scheidung wird geteilt; hat ein Partner weniger erwirtschaftet, erhält er einen Ausgleich.
Ein Ehevertrag, der vor einem Notar geschlossen werden muß, kann die Zugewinngemeinschaft teilweise oder ganz aufheben und durch Gütertrennung oder Gütergemeinschaft ersetzen.

Bei der Gütertrennung behält jeder Ehepartner sein eigenes Vermögen auch während der Ehe – für sehr Wohlhabende oder selbständige Unternehmer ist diese Regelung oft von Interesse. Der Haken: Der Partner, der sich während der Ehe um Haushalt und Familie gekümmert und dem anderen den Rücken für seine Geschäfte freigehalten hat, hat nach der Scheidung keinen Anspruch auf das während dieser Zeit erwirtschaftete Vermögen. Die Gütergemeinschaft, die ebenfalls nur in notarieller Form anerkannt wird, kommt nur noch selten vor: Dabei geht alles, was beide in die Ehe einbringen, in das gemeinsame Vermögen über, über das keiner ohne den Partner verfügen kann.

*Erste Schritte*

## Nicht vergessen ...

|  | erledigt |
|---|---|
| Welche Dokumente müssen wir noch besorgen? | ☐ |
| Welche Stellen müssen wir von der Hochzeit und ggf. Namensänderung noch in Kenntnis setzen? | ☐ |
| Wer wird Trauzeuge, wer wird Trauzeugin? | ☐ |
| Wann sprechen wir mit dem Pfarrer? | ☐ |
| Sonstiges: | ☐ |
|  | ☐ |
|  | ☐ |
|  | ☐ |
|  | ☐ |

# Notizen

*Feste feiern*

# Feste feiern – aber wie?

Es mag Geburtstags- oder Weihnachtsmuffel geben – sich aber bei der eigenen Hochzeit die Chance zum Feiern entgehen zu lassen, schaffen wohl nur ganz Abgebrühte. Doch in welchem Rahmen die Eheschließung zelebriert wird, bleibt jedem Paar selbst überlassen. Ein Überblick über die verschiedenen Möglichkeiten: vom Stehempfang bis zur rauschenden Ballnacht.

### Eine bedeutende Angelegenheit

Ist es Zufall, daß der erfolgreichste britische Film aller Zeiten ausgerechnet vier Hochzeiten (neben einem bedauerlichen Todesfall) zum Thema hat? Der Feier rund ums Ja-Wort kommt nicht nur im Kino eine große Bedeutung zu – als komplexe Mixtur aus gesellschaftlichen Konventionen, wahrgewordenen individuellen Träumen und einer (hoffentlich) gewissen Einmaligkeit ist dieses Ereignis für alle Beteiligten etwas ganz Besonderes.

Paradoxerweise möchten die meisten Familien gerade den Schritt, der die Loslösung „des Kindes" von zu Hause endgültig besiegelt, soweit wie möglich unter Kontrolle haben und nach ihren Vorstellungen gestalten.

### Elternwünsche

Wer noch Kontakt zu Mutter und Vater hat und nicht gerade den Sprößling ihres verhaßten Geschäftskonkurrenten heiraten, sondern gerne ihren Segen haben will, sollte sich wappnen: Auch wenn sich Ihre Eltern seit Ihrem Auszug nicht mehr so sehr dafür interessiert hatten, mit wem und wie Sie eigentlich Partys feiern – jetzt wollen sie plötzlich alles wissen, oder, schlimmer: besser wissen. Dieser Anspruch resultiert aus den Zeiten, als Arrangement und Vollzug einer Eheschließung – von der Hochzeitsnacht mal abgesehen – noch komplett Sache der Älteren war.

Heute aber sind Braut und Bräutigam sowohl Hauptdarsteller als auch Regisseure der Hochzeit, und das bedeutet: Sie geben Kulisse, Stil und Umfang der Party vor – vom Blumenschmuck bis zur Gästeliste. Das heißt natürlich auch, daß Sie sich selbst über jeden Punkt Klarheit verschaffen müssen. Überlegen Sie zu zweit und in Ruhe, wie Ihre ideale Hochzeit aussehen soll, gehen Sie Pro und Contra der verschiedenen Möglichkeiten durch – und denken Sie daran: Wer einmal beginnt, Kompromisse zu machen, tut sich anderswo schwer, konsequent zu sein.

**Mit Phantasie – und dem Sinn fürs Praktische**
„Die Traumhochzeit" für alle gibt es nicht – sie ist schlicht und einfach Geschmackssache. Ob Sie sich für einen romantischen Tag auf dem Lande entscheiden oder für eine heftige Tanzparty, nur die engsten Freunde einladen oder alle, die Sie kennen, hängt von Ihren individuellen Vorlieben ab. Einige Eckdaten sollten aber bei jeder Planung eine Rolle spielen.

Wenn Sie zum Beispiel noch am gleichen Tag oder am nächsten Morgen in die Flitterwochen starten wollen, bietet sich ein Champagner- oder Cocktailempfang an – möglichst nicht in Ihrer Wohnung. Wenn nach der standesamtlichen Trauung auch noch eine kirchliche angesetzt ist, hat das sicher auch Einfluß auf den Tagesablauf. Und wer zuhause feiern möchte, sollte vor allem eines haben: Platz – und den Rest konsequent einem Partyservice überlassen.

## Feste feiern

**Party-Splitting**
Sie möchten mit der Großtante auf Ihr Glück anstoßen, aber die alte Dame nicht mit einer langen Nacht überfordern? Ihr ehemaliger Studienkollege reist erst abends aus dem Ausland an? Der nette Kollege liebt Kaffee und Kuchen, fängt aber bei lauter Musik und Tanzerei sofort an zu nörgeln? Bevor die unterschiedlichsten Temperamente aufeinander prallen und sich – und vor allem Ihnen – die Laune verderben, teilen Sie die Festlichkeiten lieber auf und laden zu jedem Event gesondert ein. Ein Sektempfang mittags nach dem Standesamt ist beispielsweise für Ihre Kollegen und Nachbarn eine gute Gelegenheit, mal kurz vorbeizuschauen; Kaffee und Kuchen eignen sich für engere Bekannte und ältere Verwandte – und die Gäste abends sind bewährte Garanten für rauschende Feste. Daß engste Freunde, Familienangehörige und die Trauzeugen alle drei Veranstaltungen mitmachen, versteht sich von selbst!

### Kleines Hochzeitslexikon: Der Polterabend

Scherben bringen Eheglück: Schon in alttestamentarischen Zeiten wurde vor dem Abend der Hochzeit „gepoltert", also jede Menge Geschirr zerschlagen. Allerdings nur Porzellan und Steingut; Glas gilt als Glückssymbol und darf deshalb nicht beschädigt werden!
Das Getöse soll böse Geister abschrecken, das gemeinsame Aufkehren der Scherben gilt als Symbol für den Zusammenhalt der Brautleute – und wird anschließend heftig begossen. Früher ging das Gelage genau bis Mitternacht, dann wurden der Braut Myrtenkranz und Schleier und dem Bräutigam der Myrtenstrauß überreicht.
Eine andere Tradition ist die der getrennten Feiern: Er verabschiedet sich, begleitet von seinen Freunden, mit einem Zug durch die Gemeinde vom Junggesellenleben, sie macht mit ihren Freundinnen eine Ladie's Night, bei der vom Männer-Striplokal bis zum Disco-Marathon alles drin ist.

fragt er die Brautleute nacheinander, ob sie einander heiraten wollen. Nach dem „Ja" erklärt er sie für rechtmäßig verbundene Eheleute. Das Ehepaar und die Trauzeugen unterschreiben die Heiratsurkunde; die Eheschließung wird ins Familienbuch eingetragen. Die Sachlichkeit des Ganzen ist sofort vergessen, wenn Sie beim Verlassen des Standesamtes in einem Regen von Reis oder roten Rosen stehen und mit Ihren Gästen auf Ihre gemeinsame Zukunft anstoßen.

## Die Trauung auf dem Standesamt

Wenn Mütter, Freundinnen oder Skatkumpels bei diesem Akt die Taschentücher zücken, liegt das weniger an seinem Ablauf als an seiner Bedeutung: Die standesamtliche Trauung gehört nicht unbedingt zu den emotionalen Höhepunkten einer Hochzeit. Der Standesbeamte oder die -beamtin prüft zunächst die Personalien der Trauzeugen. Dann hält er die Traurede, meist in einem trocken-informativen Stil, manchmal etwas persönlicher, manchmal mit unfreiwillig komischem Pathos. Anschließend

### Heirat im Ausland

Hochzeit unter Palmen auf der Märcheninsel Bali, das „Si" in Venedig oder Urban Wedding in New York: Eine Hochzeit an einem Traumort im Ausland ist mit Sicherheit ein unvergeßliches Erlebnis. Fragen Sie bei Ihrem Standesamt, unter welchen Umständen Ihre Eheschließung rechtskräftig ist.
Oder holen Sie die deutsche Trauung nach der Rückkehr nach – und die Party für die Daheimgebliebenen natürlich auch!

## Feste feiern

**Der Empfang**
Vorausgesetzt, Sie möchten nicht mittags mit einem großen Essen feiern, ist ein kleiner Umtrunk nach dem Standesamt ideal: Brautleute, Trauzeugen und Verwandte entspannen sich, Kollegen und Nachbarn haben Gelegenheit, kurz mit Ihnen anzustoßen. Falls Sie den Empfang bei sich zu Hause planen, sollten Sie sich um genügend Helfer kümmern – für Häppchen und Getränke, aber auch für die Begrüßung der Gäste. Sollte der Hochzeits-Termin erst nachmittags angesetzt sein, können sich alle auch vor der Trauung versammeln und dann gemeinsam zum Standesamt fahren – vielleicht stärkt ein Glas Sekt ja die Nerven…

**Das Festessen**
Ein Essen allein, also ohne Feier oder Party im Anschluß, ist den meisten jungen Paaren zu getragen. Planen Sie aber, noch am selben Tag in die Flitterwochen zu starten oder die Party zu einem späteren Zeitpunkt nachzuholen, gibt Ihnen ein Hochzeitsessen die Gelegenheit, mit den engsten Familienangehörigen und Freunden zu feiern.

Viele Restaurants und Hotels bieten spezielle, mehrgängige Hochzeits-menüs an, die Sie gemeinsam mit dem Koch planen können. Wenn Sie die Speisenfolge nach altem Brauch zusammenstellen wollen: Fisch steht für Frieden, Reis für Fruchtbarkeit! Neben klassischen Hochzeits-Menüs können Sie sich natürlich auch für ungewöhnlichere Essen entscheiden: ein liebevoll zusammengestelltes Vollwertbüffet sieht in den Augen vieler ebenso einladend aus wie ein Spanferkel in den Augen anderer – das ist, im wahrsten Sinne des Wortes, Geschmacksache. Wer das Essen selbst schon zum Ereignis werden läßt, sollte vor der Bestellung allerdings die Gästeliste studieren: Werden etwa Sushi-Platten allen Eingeladenen schmecken – oder brauchen Sie noch eine Alternative?

### Der Nachmittags-Kaffee
Selbst Leute, die Kaffee-und-Kuchen für spießig halten, lassen sich bei Hochzeiten von der Atmosphäre dieser kleinen Feier einfangen: Die Anspannung hat nachgelassen, Brautpaar und Gäste sind relaxed und voller Vorfreude auf das Kommende, neue Leute treffen ein... Üblicherweise bestellt das Brautpaar für die Kaffeetafel verschiedene Kuchen und Torten oder bittet einige Gäste, Selbstgebackenes mitzubringen. Im Mittelpunkt und beliebtestes Foto-Motiv: die Hochzeitstorte – ein mehrstöckiges Kunstwerk vom Konditor, das von Braut und Bräutigam gemeinsam angeschnitten werden muß.

### Die Party
Wenn nicht jetzt, wann dann? Für viele Brautpaare gehört eine Feier mit Essen, Musik und Tanz zum Hochzeitstag wie das Ja-Wort zum Standesamt. Traditionelle Programmpunkte: Tischreden, der Ehrentanz des Brautpaares, der Schleiertanz der Braut, das Werfen des Brautstraußes – und die Mitternachtssuppe, die sich auch bei coolen Clubbern als begeistert gelöffelter Fitmacher erweist. Zwar ist es heute nicht mehr üblich, daß die Eltern für die kompletten Hochzeitskosten aufkommen – doch es hindert sie sicherlich keiner daran, mit einer kleinen oder größeren Finanzspritze zu helfen und so einen Beitrag zum Gelingen der Party zu leisten...

*Feste feiern*

**„Geht nicht" geht nicht!**
Die Hochzeit ist das Fest der Feste – dementsprechend phantasievoll bis phantastisch sind die Vorschläge, die professionelle Hochzeitsveranstalter und andere Event-Agenturen anbieten: Sie können in Casino-Atmosphäre mit Roulettetischen und eigens engagierten Croupiers feiern – oder gleich im Spielerparadies Las Vegas heiraten. Unterwasser-Hochzeiten für Tauchfans werden ebenso arrangiert wie das „Ja" im Heißluftballon. Auf sogenannten Erlebnis-Essen werden Ihren Gästen zwischen den Gängen verblüffende artistische Überraschungen präsentiert – oder wollen Sie lieber ein Zirkuszelt mieten?

Es gibt die Hochzeit auf dem Lande für naturverbundene Gemüter und die Party in der Bowlingbahn für Szenegänger, bodenständige Vereinsheime und luxuriöse Hotels, Edelrestaurants und Sterne-Köche, die ihre Dienste für zuhause anbieten. Das Angebot der verschiedenen Veranstalter und Catering-Firmen finden Sie unter der Rubrik „Partyservice" in den Gelben Seiten; Musiker, Entertainer oder Artisten vermitteln Künstleragenturen. Holen Sie mehrere Angebote ein – und überzeugen Sie sich vorher unbedingt mit einer Kostprobe vom Können der Artisten an Kochtopf oder Mikrophon.

**Nur „Ja" sagen muß das Paar selbst: Wie arbeitet ein professioneller Hochzeitsservice?**
In den USA bedeutet eine geplante Hochzeit für die Braut oft: ein Jahr Auszeit – so lange dauert es im Schnitt, eine Feier vorzubereiten, die den klassischen amerikanischen Maßstäben genügt. Auch wenn das Ganze bei uns (glücklicherweise) meist weniger gigantisch angelegt ist, fühlen sich viele Paare beim Gedanken an ihr eigenes großes Hochzeitsfest überfordert – sei es, weil es an Zeit fehlt oder an der zündenden Idee, weil die logistische Zusammenführung der verschiedenen Gäste-Gruppen oder ihre maßgeschneiderte, lückenlose Unterhaltung Probleme bringt.

Nicht die billigste, aber mit Sicherheit die entspannendste Lösung ist es, die Organisation Ihrer Hochzeit ganz oder teilweise einem professionellen Hochzeitsservice zu überlassen. Dort wird man zunächst über die Standards des Unternehmens – von der weißen Kutsche über den Gospelchor bis hin zum Feuerwerk – informiert.

Dem Überblick folgt das individuelle Gespräch, bei dem das Paar seine Vorstellungen und Wünsche äußern soll – erst einmal ohne Gedanken an Geld oder Machbarkeit, Aufwand oder Dauer. „Um das Fest zu entwickeln, das wirklich zu den Wünschen und Vorstellungen des Brautpaares paßt", sagt Christiane Reymann vom Hamburger Hochzeitsservice „Gala", „müssen die beiden ihrer Phantasie erst einmal freien Lauf lassen. Für die wirtschaftlichen Realitäten sind wir dann zuständig."

Daher schlägt sie ihren Kunden zunächst vor, alles, was sie mit „Traumhochheit" oder „Traumparty" assoziieren, auf einem weißen Blatt zu notieren. Das kann ein Werbespot sein, dessen ländliches Ambiente ihnen gut gefallen hat; der üppige Luxus einer arabischen Villa in Marrakesch oder die Laser-Show bei einem Open-air-Konzert. Diese Stichpunkte liefern das Gerüst für ein komplettes Konzept, das genau dem Geschmack des Paares entspricht.

Anschließend ist es Aufgabe der Profis, die Kosten jedes einzelnen Postens zu kalkulieren und gegebenenfalls über preiswertere Alternativen nachzudenken – immer mit dem Ziel, sich dem Ideal so weit wie möglich anzunähern. Wenn das Beduinenzelt für die Feier auf der grünen Wiese zuviel Leihgebühr kostet, müssen eben leichte Holzgerüste mit weißen Stoffbahnen her!

### Profi-Beratung

Wer seine Party im Prinzip lieber selbst organisieren, aber auf das Know-how von Profis nicht ganz verzichten möchte, sollte sich bei einem Hochzeitsservice nach Beratungsstunden erkundigen. Einige Unternehmen bieten punktuelle Hilfeleistungen an: Sitzungen, die nach Stundenzahl honoriert werden, bei denen Sie von ersten Ideen bis zum letzten Stundenplan-Check-up alles durchsprechen können.

*Feste feiern*

## Grundsätzliche Überlegungen

☐ Wo wollen wir heiraten?

☐ Wo wollen wir feiern?

☐ Party-Splitting oder Festpaket mit allen Gästen?

☐ Was darf bei unserer Hochzeit nicht fehlen?

☐ Wen wollen wir unbedingt dabei haben?

☐ Was hat uns in letzter Zeit besonders beeindruckt – vielleicht ein Konzert, ein Künstler, eine bestimmte Location...

☐ Welche Hochzeit von Freunden oder Verwandten ist uns als besonders gelungen in Erinnerung geblieben – und warum?

**Von Luft & Liebe … – Ihr Finanzplan**

Leider bestimmen nicht nur die individuellen Vorstellungen des Brautpaars die Gestaltung der Hochzeitsfeierlichkeiten, sondern auch die finanziellen Möglichkeiten. Die Regel, daß die Eltern der Braut die Kosten bestreiten, gilt nicht mehr – heute finanzieren normalerweise Bräutigam und Braut das Fest und freuen sich über Unterstützung von beiden Elternpaaren…

Um ein böses Erwachen nach dem Fest zu vermeiden, sollten Sie so früh wie möglich über Ihren finanziellen Rahmen und einen Kostenplan sprechen. Berücksichtigen Sie bei Ihrer Kalkulation, daß Sie möglichst ohne Schulden oder finanzielle Verpflichtungen in Ihre Ehe starten.

Wenn Sie Ihr Gesamtbudget festgelegt haben, sollten Sie es auf die einzelnen Posten aufteilen. Achten Sie darauf, daß Sie in diesem Stadium noch nicht bis ans Limit gehen, damit überraschende Extras später noch drin sind!

Jede Hochzeit beinhaltet natürlich individuelle Ausgaben. Diese Liste zeigt, mit welchen Belastungen Sie in der Regel rechnen müssen. Wenn Sie diesen Anhaltspunkten Ihre eigenen Posten hinzufügen, bekommen Sie einen Überblick über alle Kostenfaktoren Ihrer Traumhochzeit.

---

**Kleines Hochzeitslexikon: Die Entführung der Braut**

Die Braut verläßt das Elternhaus und tritt in den Lebensabschnitt als erwachsene Frau ein: Diese Zäsur, die eine Hochzeit früher bedeutete, sollte mit der Entführung der Braut symbolisiert werden. Auch wenn die Umstände heute ganz andere sind, gehört das Entführen der Braut auf vielen Hochzeitspartys als Spaß dazu: Ein paar Gäste warten, bis der Bräutigam abgelenkt ist und entführen dann die Braut in ein anderes Lokal in der Nähe. Entdeckt der Bräutigam das Verschwinden seiner Liebsten, muß er die Adressen in der Nachbarschaft abklappern, bis er die richtige gefunden hat – und seine Frau durch Zahlen der Zeche freikaufen.

*Feste feiern*

## Unsere Hochzeit: Alle Posten, alle Kosten

**Kostenfaktoren**                  voraussichtliche Höhe in DM

| Kostenfaktoren | Höhe in DM |
|---|---|
| Standesamt | |
| Kirchliche Trauung | |
| Empfang | |
| Hochzeits-Service | |
| Druck- und Portokosten für die Einladungen | |
| Druck- und Portokosten für Hochzeitsanzeigen und Dankschreiben | |
| Gebühren für die Trauung auf dem Standesamt | |
| Gebühren für die kirchliche Trauung | |
| Hochzeitsservice | |
| Hochzeitswagen oder Kutsche | |
| Garderobe fürs Standesamt | |
| Hochzeitskleid | |
| Schuhe und Accessoires für Sie | |
| Outfit des Bräutigams | |

## Unsere Hochzeit: Alle Posten, alle Kosten

| Kostenfaktoren | voraussichtliche Höhe in DM |
|---|---|
| Schuhe und Accessoires für Ihn | |
| Friseur | |
| Brautstrauß | |
| Kosmetikerin | |
| Sektempfang | |
| Mittagessen | |
| Kaffee und Kuchen | |
| Hochzeitstorte | |
| Hochzeitsmenü oder -büffet | |
| Getränke | |
| Blumenschmuck | |
| sonstige Dekorationen | |
| Musik (Liveband, Discjockey o.ä.) | |
| Trinkgelder, Übernachtungen, Taxis | |

## Feste feiern

**Zeitplan: Was passiert wann?**
Manche Hochzeiten beginnen freitagmorgens auf dem Standesamt und enden Sonntagabend mit der Verabschiedung der letzten Gäste von außerhalb; andere vereinen Trauung, Essen und Party kompakt in einem Tag.

Ob Marathon oder Sprint – in jedem Fall sollten Sie nicht nur genügend Zeit für die einzelnen Programmpunkte, sondern auch für die Pausen dazwischen einkalkulieren. Eine Stunde Luft zwischen der Kaffeetafel und dem festlichem Abendessen oder der Party beispielsweise ermöglicht einen taktvollen „Schichtwechsel" der Gäste und vor allem eine Atempause für die Brautleute: Oft ist diese Stunde am späten Nachmittag die erste Gelegenheit, mal miteinander zu reden, sich den Reis aus den Haaren zu zupfen, die Schultern zu massieren…

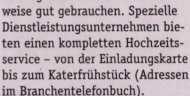

Übrigens: Wer seine Hochzeit als spektakuläres Großereignis plant, kann die Unterstützung von Profis möglicherweise gut gebrauchen. Spezielle Dienstleistungsunternehmen bieten einen kompletten Hochzeitsservice – von der Einladungskarte bis zum Katerfrühstück (Adressen im Branchentelefonbuch).

---

**Kleines Hochzeitslexikon: Der Reisregen**

Reisregen für Kindersegen: Die Körner, die nach der Trauung aufs Brautpaar prasseln, sollen dafür sorgen, daß sich bald Nachwuchs einstellt. Früher wurden in Deutschland andere Fruchtbarkeitssymbole wie Erbsen oder Getreidesamen geworfen, bis sich die Reis-Sitte aus Asien und England auch bei uns durchsetzte.

| Programmpunkt | Tag | von - bis |
|---|---|---|
| Polterabend | | |
| Standesamtliche Trauung | | |
| Kirchliche Trauung | | |
| Fototermin | | |
| Empfang | | |
| Mittagessen | | |
| Kaffee und Kuchen | | |
| Einchecken der Gäste ins Hotel | | |
| Party | | |
| Start in die Flitterwochen | | |

*Vorbereitungen*

# Jetzt wird's konkret!

**Es gibt Dinge, die Sie erst in letzter Minute regeln können (und mit Hilfe vom Kapitel „Countdown" Seite 87ff.). Andere erfordern einige Monate oder wenigstens Wochen Vorbereitungszeit: Kümmern Sie sich früh um Ihre Party, Ihr Outfit und Ihre Geschenkeliste – und profitieren Sie davon an Ihrem großen Tag.**

### Die Einladungen

Rund zwei Monate vor der Hochzeit sollten Sie die Einladungen verschicken. Ob Sie die Karten selbst gestalten und schreiben, vorgedruckt kaufen oder extra anfertigen lassen, bleibt Ihnen überlassen – wer eine Druckerei beauftragt, muß allerdings mit gut einem Monat Lieferzeit rechnen. Auf den Einladungen sollte stehen: Datum, Zeit und Ort der Trauung sowie Datum, Zeit und Ort der Feier, zu dem Sie den Empfänger einladen möchten. Bitten Sie um Antwort – „U.A.w.g."; vergessen Sie Ihre Anschrift und Telefonnummer nicht.

### Die Qual der Wahl – Gästelisten

Wer Gästelisten erstellt, steht meist schnell vor zwei Problemen: Erstens übersteigt die Zahl derer, die man einladen möchte, meist die, die das Party-Budget erlaubt – und zweitens gibt es fast immer Namen, die man zwar notieren sollte, aber eigentlich nicht aufschreiben will. Schließlich gibt es fast immer diese komische Freundin des guten Freundes, die man eigentlich nicht mal mit ihm zusammen ertragen kann – oder den Onkel, der zwar unbestritten zur engeren Verwandtschaft gehört, sich aber ebenso unbestritten auf jedem Fest peinlich danebenbenimmt …

Das Splitting der Hochzeits-Feierlichkeiten kann bei beiden Problemen hilfreich sein. Schreiben Sie zunächst, jeder für sich, eine eigene Wunschliste mit den Namen aller Leute auf, die Sie irgendwie und irgendwann im Laufe Ihrer Hochzeit sehen möchten. Versuchen Sie anschließend gemeinsam, diese auf die verschiedenen Events aufzuteilen – und gegebenenfalls dann zusammenzustreichen.

Entwurf für die Einladungskarte

*Vorbereitungen*

## Brainstorming: Wer möchte wen einladen?

| Namen (von ihr) | Namen (von ihm) |
|---|---|
|  |  |
|  |  |
|  |  |
|  |  |
|  |  |
|  |  |
|  |  |
|  |  |
|  |  |
|  |  |

## Brainstorming: Wer möchte wen einladen?

| Namen (von ihr) | Namen (von ihm) |
| --- | --- |
|  |  |
|  |  |
|  |  |
|  |  |
|  |  |
|  |  |
|  |  |
|  |  |
|  |  |
|  |  |

*Vorbereitungen*

## Brainstorming: Wer möchte wen einladen?

| Namen (von ihr) | Namen (von ihm) |
|---|---|
| | |
| | |
| | |
| | |
| | |
| | |
| | |
| | |
| | |
| | |

## Brainstorming: Wer möchte wen einladen?

| Namen (von ihr) | Namen (von ihm) |
| --- | --- |
|  |  |
|  |  |
|  |  |
|  |  |
|  |  |
|  |  |
|  |  |
|  |  |
|  |  |
|  |  |

*Vorbereitungen*

## Brainstorming: Wer möchte wen einladen?

| Namen (von ihr) | Namen (von ihm) |
| --- | --- |
|  |  |
|  |  |
|  |  |
|  |  |
|  |  |
|  |  |
|  |  |
|  |  |
|  |  |
|  |  |

## Brainstorming: Wer möchte wen einladen?

| Namen (von ihr) | Namen (von ihm) |
|---|---|
|  |  |
|  |  |
|  |  |
|  |  |
|  |  |
|  |  |
|  |  |
|  |  |
|  |  |
|  |  |

*Vorbereitungen*

## Brainstorming: Wer möchte wen einladen?

| Namen (von ihr) | Namen (von ihm) |
|---|---|
| | |
| | |
| | |
| | |
| | |
| | |
| | |
| | |
| | |
| | |

## Gästeliste Standesamt

| Name | Adresse/Telefon | Zusage |
|---|---|---|
|  |  |  |
|  |  |  |
|  |  |  |
|  |  |  |
|  |  |  |
|  |  |  |
|  |  |  |
|  |  |  |
|  |  |  |
|  |  |  |
|  |  |  |

*Vorbereitungen*

## Gästeliste Standesamt

| Name | Adresse/Telefon | Zusage |
|------|-----------------|--------|
|      |                 |        |
|      |                 |        |
|      |                 |        |
|      |                 |        |
|      |                 |        |
|      |                 |        |
|      |                 |        |
|      |                 |        |
|      |                 |        |
|      |                 |        |
|      |                 |        |
|      |                 |        |

## Gästeliste Sektempfang

| Name | Adresse/Telefon | Zusage |
|---|---|---|
| | | |
| | | |
| | | |
| | | |
| | | |
| | | |
| | | |
| | | |
| | | |
| | | |
| | | |

## Vorbereitungen

### Gästeliste Sektempfang

| Name | Adresse/Telefon | Zusage |
|------|-----------------|--------|
|      |                 |        |
|      |                 |        |
|      |                 |        |
|      |                 |        |
|      |                 |        |
|      |                 |        |
|      |                 |        |
|      |                 |        |
|      |                 |        |
|      |                 |        |
|      |                 |        |

## Gästeliste Kaffee & Kuchen

| Name | Adresse/Telefon | Zusage |
|------|-----------------|--------|
|      |                 |        |
|      |                 |        |
|      |                 |        |
|      |                 |        |
|      |                 |        |
|      |                 |        |
|      |                 |        |
|      |                 |        |
|      |                 |        |
|      |                 |        |
|      |                 |        |

*Vorbereitungen*

## Gästeliste Kaffee & Kuchen

| Name | Adresse/Telefon | Zusage |
|------|-----------------|--------|
|      |                 |        |
|      |                 |        |
|      |                 |        |
|      |                 |        |
|      |                 |        |
|      |                 |        |
|      |                 |        |
|      |                 |        |
|      |                 |        |
|      |                 |        |
|      |                 |        |

## Gästeliste Party

| Name | Adresse/Telefon | Zusage |
|---|---|---|
| | | |
| | | |
| | | |
| | | |
| | | |
| | | |
| | | |
| | | |
| | | |
| | | |
| | | |

*Vorbereitungen*

## Gästeliste Party

| Name | Adresse/Telefon | Zusage |
|------|-----------------|--------|
|      |                 |        |
|      |                 |        |
|      |                 |        |
|      |                 |        |
|      |                 |        |
|      |                 |        |
|      |                 |        |
|      |                 |        |
|      |                 |        |
|      |                 |        |
|      |                 |        |

## Gästeliste Party

| Name | Adresse/Telefon | Zusage |
|------|-----------------|--------|
|      |                 |        |
|      |                 |        |
|      |                 |        |
|      |                 |        |
|      |                 |        |
|      |                 |        |
|      |                 |        |
|      |                 |        |
|      |                 |        |
|      |                 |        |
|      |                 |        |

*Vorbereitungen*

## Gästeliste Party

| Name | Adresse/Telefon | Zusage |
|------|-----------------|--------|
|      |                 |        |
|      |                 |        |
|      |                 |        |
|      |                 |        |
|      |                 |        |
|      |                 |        |
|      |                 |        |
|      |                 |        |
|      |                 |        |
|      |                 |        |
|      |                 |        |

## Gästeliste Party

| Name | Adresse/Telefon | Zusage |
|---|---|---|
| | | |
| | | |
| | | |
| | | |
| | | |
| | | |
| | | |
| | | |
| | | |
| | | |
| | | |

*Vorbereitungen*

## Gästeliste Party

| Name | Adresse/Telefon | Zusage |
|---|---|---|
|  |  |  |
|  |  |  |
|  |  |  |
|  |  |  |
|  |  |  |
|  |  |  |
|  |  |  |
|  |  |  |
|  |  |  |
|  |  |  |
|  |  |  |

**Das Ziel: Eine schöne Bescherung**

Mitgift, Aussteuer: Diese Begriffe gehören für die meisten in die ferne Zeit, als Großvater ein Auge auf Großmutter warf und die Eltern der beiden anfingen, darüber zu verhandeln, was Braut beziehungsweise Bräutigam in die Ehe einbringen. Bis 1957 hatten Töchter in der Bundesrepublik Deutschland übrigens noch einen gesetzlichen Anspruch auf eine Aussteuer – danach wurde dieser durch das Recht auf eine angemessene Berufsausbildung ersetzt. Dennoch spielen Geschenke auch heute

noch eine wichtige Rolle: Zum einen, weil der Haushalt des Hochzeitspaares oft noch jung ist und neben der IKEA-Startbox-Nr.1 vielleicht noch das eine oder andere gut gebrauchen könnte; zum anderen, weil die meisten Verwandten, Freunden und Kollegen ihre besten Wünsche auch materialisieren wollen – in Form eines schönen, passenden Geschenks.

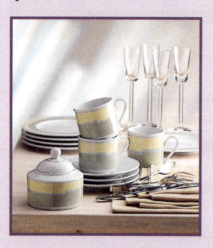

Daß sich auf fast jedem Gabentisch auch ein paar besonders originelle Präsente wie das Nudelholz „für Sie", Filzpantoffeln „für Ihn" oder rote Reizwäsche „für Sie und Ihn" finden, sei als kleine Vorwarnung für sensiblere Gemüter angemerkt. Die meisten Schenkenden möchten Ihnen jedoch eine richtige Freude machen (mit der sie sich zugleich

## Vorbereitungen

bleibend in Erinnerung bringen) – und sind für jede Orientierungshilfe dankbar.

### Geschenkideen: Von Scheinen und Gutscheinen

Vor allem auf dem Land und in Vereinen ist es auch heute noch üblich, dem jungen Paar Geldscheine zu schenken – von jedem einzelnen in einem Briefumschlag überreicht, zusammengerollt in einen großen Strauß gesteckt oder bei einem Verwandten deponiert. Mag sein, daß tatsächlich eine zündende Idee gefehlt hat, aber seien Sie dankbar, daß wenigstens nichts Unnützes gekauft wurde!

Geldsammlungen sind für große Wünsche, die Sie sich zu zweit bisher nicht erfüllen konnten, extrem gut geeignet. Sei es die Ballonfahrt, von der Sie schon immer geträumt haben, das Wochenende im Grand Hotel am Comer See oder die Tickets fürs Wimbledon-Finale – vertrauen Sie einem guten Freund diesen Wunsch an, und hoffen Sie auf einen Gutschein ...

Die klassischen Geschenke betreffen natürlich alles rund um den Haushalt: Noch immer gilt eine Hochzeit als die Gelegenheit, sich all das schenken zu lassen, was einem zwar immer gefehlt, aber als Wunsch für Weihnachten oder Geburtstage einfach nicht spannend genug erschien.

### Haushaltshilfe: So bekommen Sie, was Sie wirklich brauchen

Bei der Hochzeit gilt für Schenkende wie für Beschenkte: Absprachen sind erlaubt, Abstimmungen erwünscht. Um zu vermeiden, daß die todschicke Vase, von der Sie in einem schwachen Moment mal geschwärmt hatten, zweimal auf dem Tisch steht, oder Sie als überzeugte Anti-Alkoholiker eine Bar-Ausstattung in chromglänzender Luxusausführung bekommen, sollten Sie ca. drei Monate vor der

Hochzeit eine Liste mit Ihren Wünschen erstellen und z.B. bei ihren Eltern deponieren. Diese können die Geschenksuchenden in Ruhe studieren. Hat jemand einen Gegenstand gewählt, wird er durchgestrichen. Am besten ordnen Sie die Liste nach Sachgruppen wie z.B. Service, Gläser, Elektrogeräte, Küchengeräte und Sonstiges für weniger „sachliche" Geschenke. Tip: Achten Sie darauf, daß für jeden Geldbeutel etwas dabei ist! Wichtig sind auch Bemerkungen über Hersteller, Farbe oder Look der Artikel – damit in Ihrem Haushalt von Anfang an Harmonie herrscht.

### Ihre Wunschliste

Vom Eierlöffel bis zum Videorecorder: Die Listen auf den nächsten Seiten zeigen, was alles zu einem mehr oder weniger perfekt ausgestatteten Haushalt gehört. Für all jene, die nicht den Ehrgeiz haben, mit einem Komplettprogramm in die Ehe zu starten, kann diese Tabelle eine Anregung sein: Prüfen Sie, was für Sie dabei ist, und überlegen Sie sich Ihre individuellen Schwerpunkte und Ergänzungen.

## Kleines Hochzeitslexikon: Der Hochzeitstisch ...

... ist nicht die Tafel, an der bei der großen Feier das Menü serviert wird, sondern steht für einen Service, den viele Porzellan- und Haushaltswarenfachgeschäfte anbieten: Alle Geschenke, die sich das Brautpaar wünscht, werden dekorativ auf einem Tisch aufgebaut – so daß sich die Interessenten alles ansehen und dann für einen Artikel entscheiden können. Weiterer Vorteil: Um die Aktualisierung der Liste kümmert sich das Fachpersonal. Die meisten Geschäfte übernehmen auch die festliche Verpackung und liefern das Geschenk auf Wunsch auch aus.

*Vorbereitungen*

| Ihre Wunschliste | Marke | Farbe/Dekor |
|---|---|---|
| **Geschirr** | | |
| Kaffeeservice für 6 Personen | | |
| Tafelservice für 6 Personen | | |
| 6 Suppentassen | | |
| Kaffeekanne | | |
| Teekanne | | |
| Milchkännchen | | |
| Tortenplatte | | |
| Zuckerdose und -streuer | | |
| Butterdose und -messer | | |
| 6 Dessertschalen | | |
| Pfeffer- und Salzmühlen | | |
| 6 Eierbecher | | |
| Obstschale | | |

| Ihre Wunschliste | Marke | Farbe/Dekor |
|---|---|---|
| Salatschüssel | | |
| Sauciere | | |
| Essig-, Öl-Menage | | |

**Gläser**

| | Marke | Farbe/Dekor |
|---|---|---|
| 6 Universalgläser | | |
| 6 Weißweingläser | | |
| 6 Rotweingläser | | |
| 6 Sektgläser | | |
| 6 Cognacgläser | | |
| 6 Schnapsgläser | | |
| 6 Likörgläser | | |

**Besteck**

| | Marke | Farbe/Dekor |
|---|---|---|
| Eßbesteck (6-teilig) | | |
| 6 Kuchengabeln | | |

## Vorbereitungen

| Ihre Wunschliste | Marke | Farbe/Dekor |
|---|---|---|
| Suppenkelle | | |
| Tortenheber | | |
| 6 Dessertlöffel | | |
| 6 Eierlöffel | | |
| Brotmesser | | |
| Küchenmesser-Sortiment | | |
| Fischmesser und -gabeln | | |
| Fischservierbesteck | | |
| Salatbesteck | | |
| Tranchierbesteck | | |
| Geflügelschere | | |
| Saucenlöffel | | |
| Fleischgabeln | | |
| Zuckerlöffel bzw. -zange | | |
| Bar-Ausstattung | | |

| Ihre Wunschliste | Marke | Farbe/Dekor |
|---|---|---|
| Flaschenöffner | | |
| Korkenzieher | | |
| Sektkühler | | |
| Weinstellage | | |
| Cocktailshaker | | |
| Eisbehälter | | |

**Küchenutensilien**

| | Marke | Farbe/Dekor |
|---|---|---|
| diverse Kochlöffel | | |
| Dampfkochtopf | | |
| Wasserkessel | | |
| 2 Kochtöpfe | | |
| Bratpfanne | | |
| Schaumlöffel | | |
| Schöpflöffel | | |
| Haushaltsschere | | |

## Vorbereitungen

| Ihre Wunschliste | Marke | Farbe/Dekor |
|---|---|---|
| Haarsieb | | |
| Salatsieb | | |
| Kartoffelschäler | | |
| Teigschaber | | |
| Teigroller | | |
| Kuchenformen | | |
| Rührschüssel | | |
| Schüsseln | | |
| feuerfestes Geschirr | | |
| Auflaufformen | | |
| Schneebesen | | |
| Fondue-Garnitur | | |
| Gewürzregal | | |
| Tablett | | |
| Reibeisen | | |

| Ihre Wunschliste | Marke | Farbe/Dekor |
|---|---|---|
| Muskatreibe | | |
| Schneidebretter | | |
| Käseglocke | | |
| Brotkorb und -brett | | |
| Küchenwaage | | |
| Thermoskanne | | |
| Toastständer | | |
| Knoblauchpresse | | |
| Wok | | |
| Rechaud | | |
| Wasserkessel | | |
| **Elektrogeräte** | | |
| Bügeleisen m. Bügelbrett | | |
| Stereoanlage | | |

*Vorbereitungen*

| Ihre Wunschliste | Marke | Farbe/Dekor |
|---|---|---|
| Radiowecker | | |
| CD-Player | | |
| Fernsehapparat | | |
| Videorecorder | | |
| Grill | | |
| Mikrowellengerät | | |
| Toaster | | |
| Kaffeemaschine | | |
| Küchenmaschine | | |
| Joghurtmaschine | | |
| Eismaschine | | |
| Obst- und Gemüsepresse | | |
| Staubsauger | | |
| Waffeleisen | | |
| Bohrmaschine | | |

| Ihre Wunschliste | Marke | Farbe/Dekor |
|---|---|---|
| **Textilien** | | |
| 12 Geschirrtücher | | |
| 12 Frottiertücher | | |
| 6 Waschlappen | | |
| 2 große Badehandtücher | | |
| 4 Gästehandtücher | | |
| Tischtuch | | |
| Servietten | | |
| 3 x Bettwäsche | | |
| **Verschiedenes** | | |
| Kerzenständer | | |
| Vasen | | |
| Spiegel | | |
| Korb | | |
| Wanduhr | | |

*Vorbereitungen*

| Ihre Wunschliste | Marke | Farbe/Dekor |
|---|---|---|
| **Sonstiges** | | |
| | | |
| _____ | | |
| _____ | | |
| _____ | | |
| _____ | | |
| _____ | | |
| _____ | | |
| _____ | | |
| _____ | | |
| _____ | | |
| _____ | | |
| _____ | | |
| _____ | | |
| _____ | | |
| _____ | | |
| _____ | | |
| _____ | | |

**Ihr Party-Plan**
Stellen Sie sich vor, Sie würden einen Film über Ihre Hochzeit drehen (und zwar eine Romanze, keine Slapstick-Komödie) – wie sähe dann das Drehbuch aus? Damit die Party genau nach Ihren Wünschen abläuft, sollten Sie alles auf zwei Kriterien hin überprüfen: Entspricht unser Hochzeits-Drehbuch genau unseren Vorstellungen? Paßt es in den Ablauf – oder stört es ihn eher?
Kleines Beispiel: Das Hotel, das Ihnen ansonsten wunderbar gefällt, schließt seinen Festsaal um 1.30 Uhr. Möglicherweise aber sind da alle gerade richtig in Tanzlaune – und das abrupte Ende würde einen schalen Nachgeschmack hinterlassen.

**Die wichtigsten Elemente**
Ob eine Party gelingt oder zum Desaster wird, hängt normalerweise von Essen und Trinken, Kommunikation und Musik ab. Diese vier Punkte bestimmen den Charakter Ihres Fests – spielen Sie also alle in Ruhe durch. Entscheiden Sie sich beispielsweise für ein Büffet, müssen Sie eine gewisse Unruhe in Kauf nehmen: Leute stehen immer wieder auf, müssen warten, drängeln... Ein Menü, das am Platz serviert wird, wirkt festlicher, legt dafür Gerichte wie Gesprächspartner von Anfang an fest. Büffet oder Menü – auf jeden Fall gilt: das Essen sollte nicht zu lange dauern. Wer zu lange am Tisch sitzt und zu viel ißt und trinkt, wird müde und hat keine Lust mehr, zu tanzen oder neue Leute kennenzulernen.

*Kulinarisches*
Die Feinabstimmung Ihres Büffets oder Menüs mit einem Profi abzusprechen, kann allein schon zum Genuß werden. Voraussetzung, Sie wissen genau, was Sie wollen und können Ihre Wünsche klar artikulieren. Anhand der Checkliste auf Seite 71 können Sie sich frühzeitig eine Vorstellung vom Rahmen Ihrer Party machen – und den

## Vorbereitungen

Köchen die Vorschläge für die Details überlassen. Die nachfolgenden Checklisten-Fragen sind als erste Anregung gedacht, sie können natürlich individuell von jedem noch ergänzt werden.

**So nehmen Sie's leicht**
Achten Sie darauf, daß nicht nur schwere, warme Speisen gereicht werden, sondern daß in Ihrem Hochzeitsmenü oder -büffet auch kleine, frische Snacks enthalten sind. Ein Zitronen-Sorbet beispielsweise wirkt als Zwischengang wahre Wunder; exotische Früchte auf der Büffet-Tafel sind nicht nur willkommene Vitamin- und Power-Lieferanten, sondern auch sehr dekorativ. Und wer meint, Mixed Pickles oder Cornichons seien nicht „fein" genug, sollte versuchsweise ein kleines Angebot servieren und vor allem die Reaktionen fein gekleideter Herren um die 50 beobachten.

### Catering-Checkliste

* Ort der Feier (privat/gemieteter Raum)?
* Anzahl der erwarteten Gäste?
* Wird das Essen geliefert oder vor Ort zubereitet?
* Soll das Essen auf den Rahmen der Feier abgestimmt werden?
* Spezielle Küche gewünscht (z.B. asiatisch, italienisch, mexikanisch, gutbürgerlich…)?
* Einschätzung: Wie experimentierfreudig sind die Gäste (z.B. Essen mit Stäbchen, exotische Speisen)?
* Fleisch und/oder Fisch oder vegetarisch und vollwertig?
* Müssen bei der Speisenzusammenstellung personenbezogene Besonderheiten berücksichtigt werden (z. B. bei Allergikern)?
* Brauchen wir Kinderteller oder Seniorenteller?
* Welche Weine, Aperitifs etc. sollen gereicht werden?
* Welche antialkoholischen Getränke soll es geben?
* Ist eine Überraschung am Schluß geplant (z.B. Glückskekse, flambiertes Dessert)?
* Mitternachtssuppe – ja oder nein?
* Obst und Rohkost?

# Hochzeitsmenü 1

Carpaccio
vom Steinbutt und Hummer
in Limonenmarinade

❈

Tomaten-Essenz
mit Quarkklößchen
Pochierte Lachsforelle
in Sauerampfersoße

❈

Rehrücken auf Preiselbeersoße
Glacierte Rübchen
Schupfnudeln

❈

Holunderblütenparfait
auf marinierten Sommerbeeren

(nach einem Vorschlag vom Schloßhotel Oberstotzingen)

*Vorbereitungen*

## Hochzeitsmenü 2

Entenleber-Parfait
auf mariniertem Rotkraut

Rehessenz
mit Pilzklößchen

Donau-Waller
in der Meerrettichkruste
auf Rieslingsoße

Crepinette vom Lamm
auf Schalottenkompott
Bohnengemüse
Basilikum-Gnocchis

Zwetschgen-Terrine
auf Rumsahne mit Mandelmilcheis

(nach einem Vorschlag vom Schloßhotel Oberstotzingen)

# Gala-Büffet

**Kalt**
Terrine vom Baby-Lachs und Hummer
Gefüllte Seezungenschleifen
Steinbutt-Galantine mit Kerbelschaum
Langusten-Medaillons mit Trüffel
Rosen von gebeiztem Lachs mit Kaviar
Wildenten-Galantine mit Preiselbeersoße
Rehrücken mit gefüllten Birnen und Waldorffsalat
Kalbsbries-Pastete
Wachtel-Praline mit Gänseleber in Portweingelée
Austern auf Eis mit Chesterbrot
Blattsalate
mit Yoghurtdressing, Balsamico-Essig-Dressing, French-Dressing

**Warm**
Steinbutt-Essenz mit Lachsklößchen
Kalbsfilet in Blätterteig mit Pilz-Duxelles
Lammkeule in der Kräuterkruste mit Thymianjus
Gebratene Ente mit Orangensoße
Gebratene Wachtelbrüstchen auf Pilzen à la crème
Marktgemüse, Kartoffelstrudel, Ratatouille-Risotto

**Dessert**
Champagner-Eispyramide
Croque en bouche
Hippenblüten gefüllt mit frischen Beeren
Dreierlei Mousse au chocolat
Salat von exotischen Früchten
Internationale Käsesorten vom Brett mit blauen Trauben

(nach einem Vorschlag vom Schloßhotel Oberstotzingen)

*Vorbereitungen*

# Italienisches Buffet

**Kalt**
Thunfisch in Olivenöl mit Artischocken
Geräucherter Seeteufel auf Zucchinisalat
Rotbarbenfilet in Limonenmarinade mit Thymian
Carpaccio mit Parmesan
Vitello tonnate (Kalbfleischscheiben mit Thunfischsoße)
Kaninchen mit Oliven und Rosmarin
Mozzarella mit Tomaten und Basilikum
Parmaschinken mit Melone
Weißer Bohnensalat, Thunfischsalat, Makkaronisalat
Auberginensalat mit Poularde
Blattsalate

**Warm**
Minestrone mit geriebenem Parmesan
Lammkeule mit Paprikagemüse
Osso Buco (Kalbsbeinscheiben mit Tomaten)
Saltimbocca Romana (Kalbsfiletscheiben Parmaschinken und Salbei)
Lasagne al forno
Spaghetti, Makkaroni, Risotto, Gnocchi
mit
Salsa Napoli, Bolognese, Pesto

**Dessert**
Tirami su
Cassata Siciliana
Eistrüffel mit Amarenascheiben
Zabaione
Obstsalat von Früchten der Saison

(nach einem Vorschlag vom Schloßhotel Oberstotzingen)

*Musik: Wer gibt den Ton an?*
Wenn eine Hochzeit sehr unterschiedliche Kreise zusammenbringt, ist die Wahl der Musik eine echte Herausforderung: Erfahrungsgemäß trifft eine Live-Band oft nicht den Geschmack aller Gäste; bei Musik aus der Konserve hapert es häufig an einer guten Anlage oder der richtigen Zusammenstellung. Wer einen Discjockey engagiert oder jemanden aus dem Freundeskreis ums Musikauflegen bitten kann, sollte dafür sorgen, daß der Betreffende über ein perfektes Equipment verfügen kann, über das Publikum und seinen Musikgeschmack Bescheid weiß – und unbegrenzt Zeit hat.

Natürlich muß auch die Musik zum Ambiente und Charakter des Abends passen: Die Tangokapelle, die Ihnen in dem argentinischen Restaurant so gut gefallen hat, verliert im bayerisch-rustikalen Landhaus garantiert an Zauber; die Band, die die Rolling Stones so überzeugend nachspielen kann, ist möglicherweise zu stimmgewaltig für den Raum.
Viele Paare entscheiden sich für eine Mischform aus Live- und DJ-Performance. Kleine Live-Einlagen sind gerade am Anfang des Tanzabends, kurz nach dem Essen, ideal, um die Stimmung anzukurbeln – vielleicht gibt es im Freundeskreis ja A-capella-Fans oder verhinderte Musical-Stars? Hören Sie sich um – auch beim Geschäftsführer des Hotels, in dem Sie feiern.

*Organisation ist alles*
Normalerweise ist es ganz einfach: Man geht irgendwohin, die Stimmung ist gut, die Musik auch – und plötzlich wird getanzt. Was einem als Discotheken- oder Partybesucher so easy vorkommt, ist das Ergebnis perfekter Planung. Nicht umsonst heißt es, daß Unterhaltung zutiefst ernst genommen werden muß! Weil schon eine fehlende Steckdose oder eine überforderte, versagende Box empfindlich auf die Laune drücken kann, sollten Sie den Rahmen für Ihr Musikprogramm vorher so gründlich wie möglich besprechen. Über die Details wie Musikauswahl können Sie oder der Discjockey dann ja in aller Ruhe grübeln...

*Vorbereitungen*

## Feiern: Privat oder in einem gemieteten Raum?

| | |
|---|---|
| Wieviele Gäste werden erwartet? | |
| Wieviel Platz brauchen bzw. haben wir? | |
| Technische Voraussetzungen o.k. (Strom, Licht etc.)? | |
| Anlage vorhanden? | |
| Müssen wir auf Lärm-Ruhezeiten Rücksicht nehmen? | |
| Wieviel Räume müssen beschallt werden? | |
| Altersstruktur und Musikgeschmack? | |
| Livemusik oder Konserve (oder Mischform)? | |
| Livemusik im Hintergrund, z.B. während des Essens? | |
| Musik passend zu einem speziellen Ambiente (z.B. Dixieland bei der Landparty oder Klassik im Schloßsaal)? | |
| Möglichkeit zum Tanzen? | |
| Sind Showeinlagen von Gästen geplant? | |

**Nach dem „Wie" das „Wo":
An welchem Ort wird gefeiert?**
Wichtig ist, eine Adresse zu finden, die eine mühelose An- und Abreise oder ausreichend Übernachtungsmöglichkeiten garantiert. Viele Hotels und Restaurants bieten spezielle Hochzeitsarrangements an und kommen den Gästen auch bei Sonderwünschen entgegen – am besten ist es, sich in den Häusern direkt zu erkundigen. Lohnenswert ist auch die Nachfrage im Freundes- oder Bekanntenkreis, möglicherweise weiß jemand einen Geheimtip. Wer ein geeignetes Lokal oder Hotel ausgemacht hat, sollte dort ein- oder zweimal testessen: Bietet man Ihnen bei „normalen" Besuchen guten Service, wird man es erst recht bei Ihrer Feier tun. Sprechen Sie mit Geschäftsführer und Koch, wählen Sie gemeinsam die Weine aus, denken Sie an mögliche Extras wie vegetarische Alternativen oder Kinderteller. Suche und Buchung Ihrer Party-Location sind in den meisten Fällen die zeitintensivsten Punkte der gesamten Hochzeitsvorbereitung. Beginnen Sie am besten gleich nach dem ersten Termin beim Standesamt damit – schließlich können Sie erst die Einladungen verschicken, wenn die Eckdaten der Hochzeits-Feierlichkeiten feststehen.

**Die Kunst des Delegierens**
Es muß gar nicht die Märchenhochzeit mit Kirche, Kutsche und Kapelle sein, zu der halb Hamburg nach Salzburg respektive halb München nach Sylt reist: Schon bei wesentlich bescheidener angelegten

## Vorbereitungen

Veranstaltungen haben Brautpaare oft das Gefühl, sich zwar um alles gekümmert, aber nichts so richtig mitbekommen zu haben. Stellen Sie sich diesem Problem am Tag X, ist es schon zu spät: Zu den entscheidenden Dingen in der Vorbereitungszeit gehört, möglichst früh Helfer zu finden, die Ihnen mit Rat, Tat und Organisationstalent zur Seite stehen. Gute Freunde werden Ihnen diesen Gefallen gerne tun – und brenzlige Situationen wie Gurkenschnittchen-Engpässe beim Empfang garantiert mit mehr Ruhe meistern als Sie! Sie sind auch die Ansprechpartner für alle, die eine Show-Einlage oder eine andere Überraschung für die Feier planen. Gegebenenfalls müssen sie das Hotel oder den Partyservice darüber informieren. Bitten Sie jemanden, beim Auspacken der Geschenke mitzunotieren, von wem was stammt, damit Sie sich später bei den Richtigen dafür bedanken können.

### Überblick: Wer macht was?

Vom Kleid bis zu den Häppchen, von der Musik bis zu den Flitterwochen: Jetzt müßten eigentlich alle wichtigen großen und kleinen Details Ihrer Hochzeit geklärt, die Vorbereitungen in Gang gebracht worden sein. Haben Sie auch nichts vergessen und für jeden Punkt den richtigen Ansprechpartner, die richtige Adresse gefunden? Und genau besprochen, wie die Leute die Aufträge erledigen sollen? Mit der Liste auf der nächsten Seite können Sie sich einen Überblick verschaffen – und wissen während der heißen Phase, bei wem Sie weshalb nachhaken müssen.

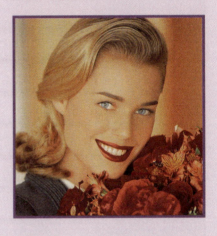

*Tip* *Auch die Flitterwochen stehen auf der Liste jener Dinge, um die man sich mindestens acht Wochen vorher kümmern sollte – es sei denn, Sie bevorzugen für den Honeymoon einen Last-Minute-Trip mit spontan gewähltem Ziel. Erkundigen Sie sich im Reisebüro nach Spezialangeboten für Frischverheiratete.*

| Was? | Wer macht's | Bis wann? | Telefon |
| --- | --- | --- | --- |
| Getränke | | | |
| Catering | | | |
| Übern. Gäste | | | |
| Brautpaar | | | |
| Eheringe | | | |
| Einladungen | | | |
| Ihr Kleid | | | |
| Schuhe | | | |
| Tasche | | | |
| Frisur | | | |
| Sein Outfit | | | |
| Schuhe | | | |
| Mittagessen | | | |
| Kuchen | | | |
| Hochzeitstorte | | | |

## Vorbereitungen

| Was? | Wer macht's | Bis wann? | Telefon |
|---|---|---|---|
| Hochzeitstorte | | | |
| Blumen | | | |
| Hochzeitswagen | | | |
| Flitterwochen | | | |
| Hotel/Festsaal | | | |
| Essen abends | | | |
| Getränke | | | |
| Showeinlagen | | | |
| Musik | | | |
| Fotos/Videos | | | |
| _____ | | | |
| _____ | | | |
| _____ | | | |
| _____ | | | |
| _____ | | | |

### Braut-Show: Ihr Traumkleid

Es ist das große Finale eines jeden Mode-Defilees: Alle aktuellen Stücke des Designers sind gezeigt worden, jetzt kommt – die Braut. Ein Model allein präsentiert, feierlich schreitend, den prächtigsten, phantasievollsten, emotionalsten Entwurf der Show.

Haute-Couture-Brautkleider sind unbezahlbare Einzelstücke, eine Hommage der Designer an Frauen, die sich trauen, und ein Ausflug ins Reich der Phantasie und Üppigkeit. Daß die Designs von Chanel, Ferragamo und Dior selten den jeweiligen Trends der Saison entsprechen, liegt nicht nur am Eigensinn der Couturiers, sondern auch an der Gestaltungsfreiheit der Braut. Ob Rüschenromantik mit Schleier und Schleppe, sexy Look mit tiefem Dekolleté und Schlitz am Bein oder Hochgeschlossenes mit langem Rock – alle Stilrichtungen sind erlaubt, solange sie Ihnen gefallen: Gerade an diesem Tag soll sich die Braut in ihrem Outfit hundertprozentig wohlfühlen. Das ist wohl der Grund, weshalb Brautmode saisonalen Trends weniger unterliegt als andere Teile der Garderobe.

### Traumrobe für die Märchenhochzeit, das kleine Graue fürs Standesamt

Grundsätzlich gilt: je aufwendiger die Feierlichkeit, desto prächtiger die Garderobe – und umgekehrt. Üppige Roben, die vor einem Altar märchenhaft wirken, sehen auf dem Standesamt schnell deplaziert aus; dagegen ist das strenge Kostüm vom Vormittag nicht unbedingt das Richtige für die wilde Tanzparty...

Suchen Sie also in Ruhe und mit viel Zeit nach Ihrem Traumkleid. In der Kirche ist Weiß immer noch die klassische Farbe; auf dem Standesamt sieht man hauptsächlich Creme, Grau, Marine oder Schwarz. Für eine „weltliche" Hochzeitsparty eignen sich auch Cocktail- und Abendkleider – sie sehen oft ebenso festlich aus wie Hochzeitsroben und lassen sich auch noch später tragen. Ein Muß: exakt aufs Outfit abgestimmte Accessoires und besonders schöne Wäsche.

### Accessoires
Möchten Sie stilgerecht nach dem Puderdöschen kramen? Zur großen Robe im Prinzessinnen-Look trägt die Braut einen perlenbestickten Beutel, zum romantischen Kleid einen sogenannten Pompadour. Zu sachlicheren Kostümen oder Hosenanzügen passen Bügeltaschen oder schnörkellose Etuis aus glattem Material wie Leder oder Satin, zu Cocktailkleidern kleine Henkeltaschen. Bei den Schuhen herrscht größere Wahlfreiheit: Während der formvollendete Auftritt früher nur schlichte Pumps aus weißem Satin kannte, kommen heute auch Spangenschuhe, Sandaletten oder Mules (eine Art Edel-Pantoffel, der an der Ferse offen und vorne geschlossen ist) in Frage. Die Höhe der Absätze liegt meist bei einem gesunden Mittelwert – Variationen nach oben oder unten sind erlaubt!

### Pfennige für den Brautschuh...
... sammeln manche schon als Schulmädchen. Die Geldstückchen gelten nach altem Brauch als Beweis für die Sparsamkeit der Braut und als Glücksbringer – was wiederum Schuster und Brautmoden-Geschäfte eher unglücklich macht. Weil kein Laden Zehntausende Pfennige annimmt, müssen Sie die Münzen vorher bei der Bank eintauschen – ordentlich in Rollen verpackt. Wenn die Braut auf Nummer Sicher gehen will, steckt sie am Hochzeitstag auch noch einen Pfennig in den Schuh – damit ihr und ihrem Mann das Geld nie ausgehen wird!

### Der beste Begleiter: Outfit für den Bräutigam

Vielleicht resultiert ja die Gewohnheit vieler Eheleute, sämtliche Garderobe-Fragen der Frau zu überlassen, aus dem Erlebnis bei der Hochzeit. Denn da hat sie in diesem Punkt eindeutig das Sagen: Will ein Bräutigam auch optisch mit der Braut harmonieren, muß er sich nach ihrem Outfit richten. Der Helmut-Lang-Anzug kommt also nur in Frage, wenn auch sie sich für ein aktuelles Designermodell entschieden hat. Will sie den ganz großen Auftritt in einer Hochzeitsrobe, ist sein Rahmen relativ eng gesteckt: Er hat die Wahl zwischen Frack, Cutaway oder Stresemann. Der Mittelweg als Pendant zum nicht ganz so opulenten Look der Braut: ein schwarzer, dunkelblauer oder anthrazitfarbener Anzug. Zwar messen Herrenausstatter gerade an diesem Tag den Accessoires eine große Bedeutung zu, doch genau wie die Braut darf auch der Bräutigam sich nicht verkleidet fühlen: Wenn Sie Einstecktücher albern und Fliegen spießig finden, suchen Sie nach Alternativen, die Ihnen mehr entsprechen. Auf jeden Fall sollten diese Kleinigkeiten farblich zum Braut-Outfit passen – nur bei Rosa sind Sie befreit!

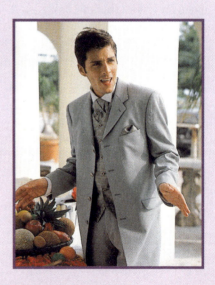

*Vorbereitungen*

## Kleines Hochzeitslexikon: Das weiße Brautkleid

Lady in Red: Bei der „Traumhochzeit", einer Mitte der neunziger Jahre immens erfolgreichen Fernseh-Show, war der Auftritt einer Braut im knallroten Kleid schlichtweg eine Sensation – schließlich entschieden sich alle anderen immer für Weiß. Ganz in Weiß: dieses Bild haben selbst modernste Frauen sofort vor Augen, wenn es um das Outfit für die Hochzeit geht. Dabei gibt diese Farbe erst seit letztem Jahrhundert den Ton in Kirche und Standesamt an – genauer: seit 1854, als Prinzessin Elisabeth von Bayern bei ihrer Hochzeit mit Kaiser Franz Joseph I. von Österreich weiße Seide und einen langen, weißen Schleier trug. Bis heute ist die königliche Braut aus dem 19. Jahrhundert das Stil-Ideal.

Vor Sissi herrschte Farben-Freude bei den Bräuten: Im Mittelalter schillerten Brokat und Seide in Grün, Rot und Gold; im 16. Jahrhundert dominierte bei den gehobeneren Ständen sogar strenges Schwarz, bevor sich die Bräute langsam wieder helleren Stoffen zuwandten. Das klassische, nur für diesen Zweck bestimmte Hochzeitskleid kennt man übrigens erst seit der Veröffentlichung eines entsprechenden Modells im „Journal des Dames" im Jahr 1813 – bis dahin trugen die Frauen festliche Roben, die sie auch bei anderen Anlässen anziehen konnten.

# Notizen

*Countdown*

# Premierenfieber: Kurz vor dem großen Tag

**Nicht nur Mutter beziehungsweise Schwiegermutter sind jetzt nervös – auch Braut und Bräutigam zählen die Minuten. Sie fragt sich vielleicht, wie sie im entscheidenden Augenblick aussehen wird, er möglicherweise, ob er nicht doch einen großen Fehler begeht – und beide, ob sie nicht etwas Entscheidendes vergessen haben ...**

**Plötzliche Panik: Lebenslänglich „gefangen"?**
Wann es einen erwischt, läßt sich nicht genau sagen – ob Wochen vor dem Termin oder erst auf der Fahrt zum Standesamt. Aber daß es passiert, ist ziemlich sicher: An irgendeinem Zeitpunkt vor der eigenen Hochzeit wird fast jeder Mann und jede Frau von plötzlichen Ängsten oder tiefgehenden Zweifeln erfaßt. Da können sie schon jahrelang zusammengelebt haben: die Perspektive, ihren Single-Status auch formell aufzugeben, empfinden sie trotzdem als bedrohlich.

*„Ist mein Leben jetzt vorbei?"*
„Torschlußpanik" sagt der Volksmund dazu, „voreheliche Panik" die Psycho-Fachwelt. Während Männer vor allem die intensive Nähe, die Routine einer Ehe oder das Anspruchsdenken der Ehefrau fürchten, zerbrechen sich Frauen eher über die Außenwelt den Kopf:

* Bin ich dann für andere noch attraktiv?
* Werde ich als Frau überhaupt noch wahrgenommen – oder in die Matronen-Schublade gesteckt?
* „Mein Leben ist jetzt vorbei!"

Dieses Gefühl, klassisches Symptom vorehelicher Panik, bringt üblicherweise zwei Verhaltensmuster hervor:
* Sie wollen es „noch mal wissen". Werfen sich in Schale, stürzen sich ins Nachtleben, flirten, was die Bars an Möglichkeiten hergeben, hätten vielleicht auch gegen einen One-Night-Stand nichts einzuwenden ...
* Sie gehen innerlich auf Distanz zum Partner. Hinterfragen jede kleinste Äußerung, fühlen sich allein durch seine Anwesenheit genervt und bedrängt, wollen „mehr Zeit für sich".

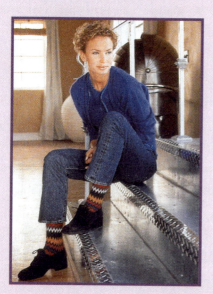

Absurderweise bleibt dabei genau die Person, mit der man sich so eng verbinden will wie mit keiner anderen, außen vor. Meistens schweigt man aus Angst, der andere könnte gekränkt sein oder an der Intensität der Gefühle zweifeln. Doch man sollte es ja besser wissen: Der Partner wird auch ohne Worte spüren, daß irgendetwas nicht stimmt – und richtig gekränkt sein, wenn Sie ihm bereits vor der Ehe etwas Wichtiges verschweigen. Nicht besonders konstruktiv wäre jetzt allerdings, den anderen mit seinem ganzen Frust einfach zu überfallen – nach dem Motto: „Mich wird kein anderer mehr angucken – und du bist daran schuld!"

Nutzen Sie Ihre Zweifel und Ängste für ein paar Fragen an sich selbst, verschaffen Sie sich Klarheit über Ihre Vorstellungen von der Beziehung:
* Wünschen Sie sich, einem Menschen besonders nahe zu sein – und dafür anderes aufzugeben?
* Ist er/sie dieser Partner fürs Leben?
* Verlieren Sie jetzt Ihren „Marktwert" als Single – was gewinnen Sie alles dafür?
* Wie hat er/sie sich bisher in Krisen verhalten?

# Countdown

Und last but not least: Was bedeutet diese Hochzeit eigentlich für Sie und Ihren Partner? Sie heiraten ja sicher nicht, um sich in eine ungewollte Abhängigkeit zu begeben, sondern um einer Beziehung, in der Sie sich bisher ja offensichtlich sehr wohl gefühlt haben, noch mehr Intensität zu verleihen.

Fragen Sie sich ganz persönlich, unabhängig von allen Frotzeleien über nudelholzschwingende Gattinnen, mit welchen Erwartungen Sie an Ihr Zusammenleben herangehen: Empfinden Sie die Beziehung – institutionalisiert oder nicht – wirklich als Belastung, als Einengung?
Wenn Sie sich bisher als starkes Team, in dem sich beide gegenseitig unterstützen, gesehen haben – warum sollte sich das durch ein „Ja" und eine Unterschrift ändern? Daß heutzutage kein Bund mehr „fürs Leben" geschlossen werden muß, ist bekannt. Gerade deshalb sollten Eheleute mit genau denselben Gefühlen ihre Partnerschaft leben wie unverheiratete Leute auch: ohne auferlegte Zwänge, aber mit dem ganz normalen Verantwortungsgefühl erwachsener Menschen.

**Eine Frage der Diplomatie – die Tischordnung**
Erst wenn alle Eingeladenen definitiv zu- oder abgesagt haben, kann die endgültige Sitzordnung fürs Festessen festgelegt werden – oft ein diplomatisches und logistisches Meisterstück. Von der Regel, grundsätzlich keine Leute, die sich gut kennen, an einen Tisch zu setzen, kommt man inzwischen mehr und mehr ab: Nicht immer wächst automatisch zusammen, was nicht zusammengehört. Eine sanfte Lösung wäre beispielsweise, Paare zwar gemeinsam an einen Tisch, aber nicht direkt nebeneinander zu plazieren, oder jedem Gast mindestens einen oder zwei Tischgenossen zur Seite zu setzen, mit denen er sich nachweislich gut versteht. Prüfen Sie anhand der Gästeliste auch, wie viele Kinder dabei sind – Eltern mit Babies sitzen bevorzugt etwas ruhiger; größere Kinder gerne an ihrem eigenen, dem „Katzen"-Tisch. Das Brautpaar selbst sitzt immer in der Mitte, nie am Ende einer großen Tafel. Nach dem Brauch nimmt neben der Braut ihr Schwiegervater, neben dem Bräutigam seine Schwiegermutter Platz. Deren Partner sitzen entweder daneben oder gegenüber, daneben die Großeltern und die Trauzeugen.

# Tischordnungsvarianten

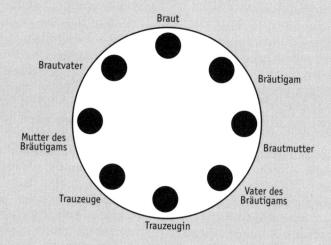
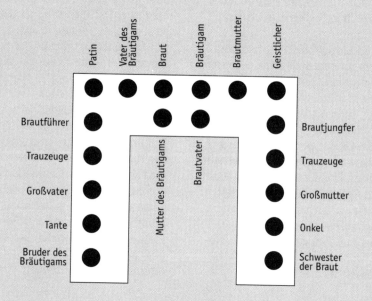

*Countdown*

Die Tischordnung bei unserer Hochzeit:

### Kleine Souvenirs auf dem Tisch

Gäste – und Brautleute – lieben kleine Souvenirs, die sie als Erinnerung an eine schöne Feier mit nach Hause nehmen können. So steckt fast jeder am Ende des Abends seine Tischkarte ein, die schon aus diesem Grund hübsch gestaltet sein sollte. Sollten Sie die Zeit dazu haben, fertigen Sie die Tischkarten für Ihre Feier am besten selbst.

Weil vermutlich nicht jeder jeden kennt, empfiehlt es sich, die Namen auf beiden Seiten zu vermerken. Die Kärtchen sollten zur Dekoration des Tisches passen, ansonsten sind Ihrer Phantasie keine Grenzen gesetzt. Vielleicht haben Sie ja noch eine zusätzliche Idee – eine Rose auf jedem Platz, ein Foto oder eine Zeichnung des Festsaals, ein Glückskeks … Ziemlich aufwendig ist die Gestaltung der Menükarten (die bei einem auswärtigen Essen fast immer vom Hotel oder Restaurant übernommen wird): In einen gefalteten Tonpapierbogen wird ein wiederum gefaltetes Papier eingelegt. Auf der ersten Seite stehen Ort und Datum der Feier, auf der zweiten das Menü, auf der dritten die Getränke.

---

**Kleines Hochzeitslexikon: Der Brautstrauß …**

… gehört zu den wichtigsten Requisiten einer traditionellen Hochzeit: Die Braut hält ihn auf dem endlos scheinenden Weg durchs Kirchenschiff zum Altar, während des Gratulationsmarathons nach der Trauung, beim Hochzeitswalzer – und wirft ihn erst am Ende des langen Tages in die Menge. Das Mädchen, das ihn fängt, heiratet als nächstes – zumindest laut Brauch. Es ist Aufgabe des Bräutigams, den Brautstrauß am Morgen der Trauung zu besorgen und darauf zu achten, daß die Blumen zu Geschmack und Stil seiner Liebsten ebenso passen wie zu seinem eigenen Outfit. Die klassischen Varianten sind der Biedermeierstrauß, ein kompaktes, kugelförmiges Gebilde, und der Strauß in länglicher Bogenform; die gefragtesten Blumensorten: weiße Lilien, rote Rosen und Efeu.

## Countdown

**Ein paar passende Worte ...**
Während die künftigen Schwiegermütter sich mit dem Brautkleid oder der Frage, ob ihr Kind auch glücklich wird, beschäftigen, denken die Schwiegerväter in spe über wirklich Wichtiges nach: die Tischrede.

Die Tradition, daß nach dem ersten Gang des Menüs der Vater der Braut und nach dem zweiten der des Bräutigams das Wort ergreift, ist zum Leidwesen vieler Brautpaare noch ziemlich lebendig – launige verbale Wanderungen zwischen Seneca und dem ersten Milchzahn können die Geduld der Zuhörer arg strapazieren. Getreu dem Motto „keine Kompromisse!", sollten Sie rechtzeitig erklären, ob und wie viele Ansprachen Sie hören möchten. Und die Redezeit unbedingt begrenzen!

**Vorsicht, Kamera nicht vergessen!**
Ärgerlich genug, wenn von einem Traumurlaub kaum Bilder existieren – eine Hochzeit nicht ausführlich zu dokumentieren, ist unverzeihlich. Natürlich können Sie einen talentierten Freund oder Verwandten bitten, zu fotografieren – diesem muß allerdings klar sein, daß es sich dabei um einen Fulltime-Job handelt, der volle Konzentration verlangt. Kostspieligere Alternative: Sie beauftragen einen Profi, die Hochzeit mit Foto- oder Videokamera zu dokumentieren. Mittlerweile gibt es fast überall Fotografen, die sich auf die „Verfilmung" des großen Tages spezialisiert haben. Voraussetzung: Stil und Auftreten des beauftragten Fotografen sollten Ihnen sympathisch sein, schließlich verbringt er ja den ganzen Tag mit Ihnen. Fragen Sie nach günstigeren Tarifen bei einer Ganztagsbuchung!

### Fotografieren erlaubt?

Nicht in allen Kirchen darf fotografiert oder gefilmt werden. Erkundigen Sie sich rechtzeitig bei Ihrem Pfarrer.

## Blumenschmuck

Blütenregen aufs frisch vermählte Paar, Blumenkränze auf den Steckfrisuren, Prachtgebinde auf der Kühlerhaube, Blumen und Blätter auf der Festtafel und auf dem Weg ins Hotelzimmer: Die Blumenmenge auf Hochzeiten ist nach oben hin unbegrenzt. Wie sehr man es blühen läßt, ist Geschmacksache – Hauptsache, die Dekoration paßt zu Strauß und Styling der Braut.

*Es durch die Blume sagen...* Ausgerechnet den strengen Sitten im viktorianischen England haben wir es zu verdanken, daß Blumen heute nicht nur Augen und Nasen erfreuen, sondern auch jede Menge romantischer Gefühle wecken: Weil Verliebte damals kaum eine Möglichkeit hatten, miteinander zu reden, entwickelten sie einen „floralen Geheim-Code" – Blumen und Sträuße als Liebestelegramme. Auch wenn es mittlerweile längst andere Wege gibt, mit dem Partner oder der Partnerin zu kommunizieren, sind Blumen bis heute etwas Besonderes geblieben: Ausdruck von Emotion, Persönlichkeit, Sinnlichkeit. Die nachfolgende Liste gibt einen Überblick über die wichtigsten Bedeutungen einzelner Blumen – für einen ganzen Armvoll Liebeserklärungen.

### Blätter & Blüten

Blumengestecke als Tisch- und Raumschmuck sind oft sehr teuer, wirken außerdem schnell steif und „arrangiert". Lose gelegte Blüten und Blätter sehen ebenso romantisch wie originell aus; außerdem lassen sie sich später leichter von der Tafel entfernen und mitnehmen, z.B. als Dekoration für den Geschenketisch.
Wer Sträußchen oder Arrangements eine besondere Note verleihen möchte, kann Kräuter wie Thymian oder Rosmarin „untermischen".

## „Flower Power":
## Die verschiedenen Blumen und ihre Bedeutung

| Blume | Symbol für |
|---|---|
| Amaryllis | besondere Schönheit, Stolz |
| Chrysanthemen, rote | „Ich liebe dich" |
| Efeu | Treue, Heirat |
| Gänseblümchen | Unschuld |
| Geißblatt | große Zuneigung, Liebesbande |
| Jasmin | Eleganz, Freude, Liebenswürdigkeit |
| Jonquille (Narzissen-Art) | Sehnsucht nach Aufmerksamkeit |
| Kamelie | Lieblichkeit |
| Kichererbse | süßes Verlangen, aber auch: Abschied |
| Klee | Glück, mütterliche Zärtlichkeit |
| Lilie | Reinheit, Jugend, Unschuld |
| Mimose | heimliche Liebe, Sensibilität |
| Myrte | Liebe, Erinnerung |
| Narzisse | Dankbarkeit |
| Orangenblüte | Hochzeit, Fruchtbarkeit, Reinheit |
| Pfingstrose | Schüchternheit |
| Rosen, rote | „Ich liebe dich" |
| Tulpen, rote | „Ich liebe dich" |
| Rosmarin | Erinnerung |
| Vergißmeinnicht | wahre Liebe |

## Checkliste Hochzeitsfloristik: Angaben für den Floristik-Service

*Brautstrauß*
Angaben zum Brautkleid (evtl. Foto mitbringen)

Farbe:

Länge: ☐ Mini ☐ knielang ☐ wadenlang
☐ bodenlang ☐ mit Schleppe

Schnitt: ☐ enganliegend ☐ nur Rock eng ☐ weitgeschnitten

Stoff:
Farbe des Brautschmucks: ☐ gold ☐ silber ☐ sonstige Farbe

Make-up (eventuell Farbkarte von Kosmetikerin mitbringen):

*Tischschmuck*
Tischform: ☐ runde Einzeltische ☐ lange Einzeltische
☐ lange Tafel ☐ U-Form ☐ L-Form ☐ T-Form

Farben:
Tischdecke _____ Servietten _____ Servicepersonal _____

*Fahrzeugschmuck*
☐ Auto (Automarke und -typ): Farbe: _____
☐ Kutsche Farbe: _____

*Kirchenschmuck*
Kirche (Adresse): _____

Mesner/-in (Name, Telefon): _____

*Countdown*

*Sonstiger Blumenschmuck*

- ☐ Streukörbe für die Kinder
- ☐ Biedermeiersträuße für die Kinder
- ☐ Sträuße für die Brautführerinnen
- ☐ Anstecker für die Trauzeugen
- ☐ ..............................
- ☐ ..............................
- ☐ ..............................
- ☐ ..............................

**Besondere Wünsche:** ................................................................
................................................................................
................................................................................
................................................................................
................................................................................

## Die Schönste an diesem Tag: Beauty-Tips für die Braut

Wir wissen alle, daß Männer sich keine Modeltypen als Lebensgefährtinnen wünschen, daß es auf die inneren Werte ankommt, daß Schönheit eine Frage der Einstellung ist … Egal: Am Hochzeitstag will jede Braut so großartig aussehen, wie sie sich fühlt – und den Bräutigam ganz nebenbei davon überzeugen, daß er sich für die Richtige entschieden hat. „Alles geben" ist das Gebot der Stunde – hüten Sie sich aber vor riskanten Experimenten!

Die total neue Haarfarbe oder den letzten Schrei in Sachen Frisur können Sie später in Ruhe ausprobieren. Bei Ihrer Hochzeit sollten Sie den Look und das Styling beibehalten, die zu Ihrem Typ passen und mit denen Sie sich erfahrungsgemäß wohl fühlen. Wer noch nie Selbstbräuner verwendet hat, sollte auch jetzt die Finger davon lassen (Fleckengefahr!). Wer seine Augenbrauen am Abend davor erstmals zu einem hauchdünnen Bogen zupft, muß nicht nur mit schmerzhaften roten Stellen rechnen, sondern mit einem veränderten Gesichtsausdruck. Und wer von einer festlicheren Frisur träumt, eventuell mit Blumenschmuck oder Tiara im Haar, sollte das wenigstens zwei Wochen vorher beim Friseur probieren! Beschließen Sie auch bloß nicht, in letzter Minute noch ordentlich abzunehmen – vorausgesetzt, Sie tragen keinen Stretchstoff, ruiniert ein plötzlicher Gewichtsverlust den Sitz des Brautkleids.

*Erste Hilfe gegen Streß*
Kosmetik und Pflege können natürlich Ihre Nervosität nicht mildern – aber ihre sichtbaren Spuren. Auch hier gilt: Muten Sie Ihrer Haut, die Streß jeder Art immer am stärksten zu spüren bekommt, jetzt nicht auch noch

# Countdown

neue Produkte oder Therapien zu. Wenn Sie Gelegenheit haben, sollten Sie in den Monaten vorher regelmäßig zur Kosmetikerin gehen. Eine tiefe Hautreinigung und/oder Epilation sollten Sie mehrere Tage vor der Hochzeit ansetzen, damit sich die Haut wieder beruhigen kann. Um den Teint zu klären, sollten Sie am Abend zuvor ein extrasanftes, für empfindliche Haut geeignetes Peeling verwenden und danach eine feuchtigkeitsspendende Maske auflegen. Am Hochzeitsmorgen in aller Ruhe duschen, sorgfältig eincremen und dabei den ganzen Körper leicht massieren. Wundermittel gegen geschwollene, gerötete Augen nach einer durchpolterten oder vor Aufregung durchwachten Nacht: Kompressen aus schwarzem Tee. Ausgedrückte Beutel zehn Minuten auflegen, in dieser Zeit entspannen!

### Look of Love: Make-up-Tricks

Im Gegensatz zu früher muß die Braut heute nicht mehr „jungfräulich rein", sprich ungeschminkt in die Ehe gehen – dramatisch bemalte Gesichter sieht man allerdings immer noch selten. Die Make-up-Farben sollten zum Haar- und Hauttyp der Braut und zu ihrem Kleid passen, Lippenstift und Mascara muß unbedingt kußecht beziehungsweise wasserfest sein. Wer auf Nummer Sicher gehen und seinen Tränen bedenkenlos freien Lauf lassen möchte, kann sich die Wimpern von der Kosmetikerin färben lassen – möglichst ca. eine Woche vorher. Abdeckstifte mit Schwammspitze eignen sich auch für größere Flächen – unbedingt ins Brauttäschchen einpacken! Weil Weiß als Textilfarbe schnell blaß macht, greifen viele Bräute zu einer dunkler getönten Gesichtscreme – doch das macht wiederum alt. Wenn Sie ein an Dekolleté und Rücken tief ausgeschnittenes Kleid tragen wollen, empfehlen sich vorher ein, zwei Solariumbesuche. So

bekommt die Haut einen dezenten Hauch von Bräune, der nicht künstlich wirkt. Ägyptischer Puder, der mit einem dicken Pinsel lose auf die Haut verteilt wird, sorgt ebenfalls für einen leichten Bronze-Hauch.

**Und wenn es regnet?**
Bräute mit Schlafstörungen haben Ringe unter den Augen, aufgeregte Männer keine positive Ausstrahlung: Falls Sie zu den Leuten gehören, denen Murphy's Gesetz den letzten Nerv raubt („was schiefgehen kann, geht schief"), sollten Sie lieber in der Vorbereitung eine Extraschicht einlegen anstatt nachts grübelnd wach zu liegen. Denn die meisten Katastrophen schrumpfen auf Miniformat zusammen, wenn sie einen nicht überraschend treffen. Spielen Sie deshalb alles genau durch, auch wenn Sie sich dabei albern vorkommen. Schminken Sie sich, und versuchen Sie dann einen Kleiderwechsel (möglichst nicht mit dem Hochzeitskleid). Fahren Sie die Strecken zwischen Wohnung, Standesamt und Party-Adresse ab, checken Sie Baustellen und Staugefahr. Verlassen Sie sich nicht auf den Wetterbericht, sondern gehen Sie von hundertprozentiger Regenwahrscheinlichkeit aus, deponieren Sie überall genügend Schirme und Capes. Versorgen Sie sich mit einem Zweitwecker und die Freunde, die Ihnen beim Ablauf helfen sollen, mit Handys. Rufen Sie am Tag zuvor noch einmal den Catering-Service, den Floristen und die als notorisch unpünktlich bekannte Trauzeugin an. Und gestehen Sie Ihrem Partner ruhig, daß Sie in Ihrem Leben noch nie so aufgeregt waren wie jetzt – das ist schließlich auch ein Kompliment!

### Beauty-Notfall-Set

Bitten Sie eine Freundin, abends ein Beauty-Case mit Make-up-Utensilien, Haarspray und Ersatz-Seidenstrümpfen für Sie zu verwahren. Dann sind Sie auch auf der großen Party gegen eventuelle Styling-Unfälle gerüstet.

# Countdown

## *Kleines* Hochzeitslexikon: Hochzeitsjubiläen

Goldene Hochzeit: Diesen Begriff kennt jeder. Doch nicht nur das halbe Jahrhundert, auch andere Ehe-Jubiläen haben ganz spezielle Namen. So heißt die Eheschließung zum Beispiel auch „grüne Hochzeit". Was Sie nach der grünen Hochzeit erwartet:

| | |
|---|---|
| nach 1 Jahr | baumwollene Hochzeit |
| nach 5 Jahren | hölzerne Hochzeit |
| nach 6 1/2 Jahren | zinnerne Hochzeit |
| nach 7 Jahren | kupferne Hochzeit |
| nach 8 Jahren | blecherne Hochzeit |
| nach 10 Jahren | Rosenhochzeit |
| nach 12 1/2 Jahren | Nickelhochzeit |
| nach 15 Jahren | gläserne Hochzeit |
| nach 20 Jahren | Porzellanhochzeit |
| nach 25 Jahren | silberne Hochzeit |
| nach 30 Jahren | Perlenhochzeit |
| nach 35 Jahren | Leinwandhochzeit |
| nach 37 1/2 Jahren | Aluminiumhochzeit |
| nach 40 Jahren | Rubinhochzeit |
| nach 50 Jahren | goldene Hochzeit |
| nach 60 Jahren | diamantene Hochzeit |
| nach 65 Jahren | eiserne Hochzeit |
| nach 67 1/2 Jahren | steinerne Hochzeit |
| nach 70 Jahren | Gnadenhochzeit |
| nach 75 Jahren | Kronjuwelenhochzeit |

## Der Zeitplan für Ihre Hochzeit

**6 Monate vorher**  erledigt

| | |
|---|---|
| Termin und Rahmen der Hochzeit festlegen | ☐ |
| Das Standesamt (gegebenenfalls den Pfarrer/Pastor) aufsuchen, den Termin absprechen, sich nach den erforderlichen Papieren erkundigen und diese zusammenstellen | ☐ |
| Die Suche nach dem geeigneten Ort oder nach einem Partyservice für das Fest starten | ☐ |
| Gästeliste aufstellen | ☐ |

**3 Monate vorher**

| | |
|---|---|
| Trauzeugen (und Brautjungfern) auswählen | ☐ |
| Überlegen, wer bei Organisation und Ablauf der Hochzeit Unterstützung leisten könnte | ☐ |
| Einladungen gestalten, Karten in Auftrag geben | ☐ |
| Eheringe aussuchen | ☐ |
| Hochzeitsgarderobe und das Outfit fürs Standesamt zusammenstellen bzw. beim Schneider in Auftrag geben | ☐ |
| Kostenvoranschläge der in Frage kommenden Restaurants, Hotels oder Party-Dienste einholen | ☐ |

*Countdown*

## Der Zeitplan für Ihre Hochzeit

| | erledigt |
|---|---|
| Wunschliste zusammenstellen | ☐ |
| **2 Monate vorher** | |
| Musik für die Party auswählen | ☐ |
| Kostenplan erstellen | ☐ |
| Arbeitgeber über die Hochzeit informieren; Urlaub einreichen | ☐ |
| Hochzeitsreise buchen; Papiere und Impfungen etc. überprüfen | ☐ |
| Falls eine Namensänderung geplant ist: Ausstellung eines neuen Passes beantragen | ☐ |
| Ggf. Ehevertrag vom Notar aufsetzen lassen | ☐ |
| Falls ein Hochzeitswagen oder eine Kutsche gewünscht wird: Verleiher beauftragen | ☐ |
| Fotografen auswählen und beauftragen | ☐ |
| Endgültig bei einem Restaurant/Hotel/Party-Service zusagen; Speisen und Getränke bestellen | ☐ |
| Einladungskarten verschicken | ☐ |

## Der Zeitplan für Ihre Hochzeit

|  | erledigt |
|---|---|
| Hochzeitstisch im Fachgeschäft aufstellen lassen | ☐ |
| Hotelzimmer für Gäste von auswärts vorläufig reservieren oder sonstige Unterkünfte bei Freunden etc. organisieren | ☐ |
| Hotelzimmer für die Hochzeitsnacht reservieren | ☐ |
| Termine bei der Kosmetikerin/beim Friseur vereinbaren | ☐ |

### 6 Wochen vorher

| | |
|---|---|
| Brautkleid und Anzug anprobieren und – falls nötig – ändern lassen | ☐ |
| Polterabend planen | ☐ |
| Gästeliste überprüfen und gegebenenfalls ergänzen; Zu- und Absagen eintragen | ☐ |
| Bank und Versicherungen informieren; eventuell auch Ärzte, Vermieter etc. | ☐ |
| Dankschreiben vorbereiten | ☐ |
| Ggf. mit dem Pfarrer den Ablauf der Trauung durchsprechen | ☐ |

## Countdown

### Der Zeitplan für Ihre Hochzeit

**1 Monat vorher**          erledigt

Brautstrauß bestellen, Sträuße für Trauzeuginnen, Brautjungfern oder Blumenkinder ☐

Blumenschmuck für die Festtafel ☐

Formlose Einladung zum Polterabend ☐

Endgültigen Termin bei der Kosmetikerin/beim Friseur vereinbaren ☐

Freunde und Nachbarn zum Polterabend einladen ☐

Transportmöglichkeiten organisieren: die Fahrt zum Standesamt, zur Kirche, zum Empfang, zum Fest. ☐

Wie gelangen die Gäste dorthin? ☐

Eheringe abholen ☐

**2 Wochen vorher**

Entscheidender Termin beim Friseur: Kopfschmuck nicht vergessen! ☐

Tischordnung planen ☐

Hochzeits-Outfit überprüfen; in den Schuhen probelaufen ☐

# Der Zeitplan für Ihre Hochzeit

|  | erledigt |
|---|---|
| Hochzeitstorte bestellen | ☐ |
| Das Fachgeschäft, das den Hochzeitstisch betreut, über Termin und Adresse informieren | ☐ |

**1 Woche vorher**

|  |  |
|---|---|
| Braut-Make-up testen | ☐ |
| Gästeliste auf den aktuellen Stand bringen | ☐ |
| Dem Hotel/Restaurant/Party-Service die endgültige Zahl der Gäste und benötigten Zimmer mitteilen | ☐ |
| Die geplanten Wege abfahren: Wo kann es Staus geben? | ☐ |
| Tischkarten schreiben | ☐ |
| Polterabend vorbereiten | ☐ |
| Eventuell eine Generalprobe mit den Blumenkindern machen | ☐ |
| Vermählungsanzeige aufgeben | ☐ |

**2 - 4 Wochen danach**

|  |  |
|---|---|
| Dankschreiben verschicken | ☐ |

# Countdown

**Wir haben geheiratet!**
Der Welt diese erfreuliche Tatsache ganz offiziell mitzuteilen, funktioniert am besten über die Tageszeitung: indem Sie eine – möglichst sachlich formulierte – Anzeige veröffentlichen lassen. Bei all jenen, die an Ihre Hochzeit gedacht haben, ist ein persönlicher Gruß angebracht. Jeder, der Ihnen schriftlich, mit einem Geschenk oder persönlich als Gast gratuliert hat, sollte eine Karte als Dankeschön erhalten – je individueller sie ausfällt, desto besser! Zeitraum: vier Wochen (im Falle einer Hochzeitsreise auch sechs Wochen) nach dem großen Ereignis. Für die Gestaltung der Danksagungen gibt es zwei klassische Möglichkeiten: Sie schreiben jedem Gratulanten bzw. Gast einen kleinen Brief, in dem Sie konkret auf sein Geschenk eingehen. Das ist sicher die persönlichste, aber auch zeitaufwendigste Methode, und daher nur bei einem kleinen Personenkreis zu empfehlen. Sie lassen die Dankeschön-Kärtchen vordrucken und fügen jeweils ein paar handschriftliche Zeilen dazu. Wer seinen Gästen im nachhinein noch eine kleine Freude machen will, kann noch ein Foto beilegen: z.B. vom Brautpaar, vom Reisregen vor dem Standesamt oder von der Party.

**Tip** *Von wem war noch einmal dieser Sektkühler? Und was hat uns Onkel Herbert eigentlich geschenkt? Weil nichts peinlicher ist als belanglose Danksagungen („... können wir bestimmt gut gebrauchen ...") und Ihre Gäste sich über ein konkretes Feedback bestimmt am meisten freuen, sollten Sie beim Auspacken der Geschenke unbedingt auf die Zuordnung achten! Bitten Sie einen Freund oder eine Freundin, eine Liste zu führen oder die Geschenke mit den entsprechenden Glückwunschkarten bzw. Namenszetteln zu versehen.*

## Übersicht: Wer hat was geschenkt?

| Geschenk | Von wem? |
|---|---|
| | |
| | |
| | |
| | |
| | |
| | |
| | |
| | |
| | |
| | |

*Countdown*

## Übersicht: Wer hat was geschenkt?

| Geschenk | Von wem? |
|---|---|
| | |
| | |
| | |
| | |
| | |
| | |
| | |
| | |
| | |
| | |

## Übersicht: Wer hat was geschenkt

| Geschenk | Von wem? |
|---|---|
|  |  |
|  |  |
|  |  |
|  |  |
|  |  |
|  |  |
|  |  |
|  |  |
|  |  |
|  |  |

*Countdown*

## Übersicht: Wer hat was geschenkt

| Geschenk | Von wem? |
|---|---|
| | |
| | |
| | |
| | |
| | |
| | |
| | |
| | |
| | |
| | |

## Übersicht: Wer hat was geschenkt?

| Geschenk | Von wem? |
|---|---|
|  |  |
|  |  |
|  |  |
|  |  |
|  |  |
|  |  |
|  |  |
|  |  |
|  |  |
|  |  |

*Countdown*

## Übersicht: Wer hat was geschenkt?

| Geschenk | Von wem? |
|---|---|
|  |  |
|  |  |
|  |  |
|  |  |
|  |  |
|  |  |
|  |  |
|  |  |
|  |  |
|  |  |

## Übersicht: Wer hat was geschenkt?

| Geschenk | Von wem? |
|---|---|
| | |
| | |
| | |
| | |
| | |
| | |
| | |
| | |
| | |
| | |

## Countdown

### Übersicht: Wer hat was geschenkt?

| Geschenk | Von wem? |
|---|---|
|  |  |
|  |  |
|  |  |
|  |  |
|  |  |
|  |  |
|  |  |
|  |  |
|  |  |
|  |  |

## Übersicht: Wer hat was geschenkt?

| Geschenk | Von wem? |
|---|---|
|  |  |
|  |  |
|  |  |
|  |  |
|  |  |
|  |  |
|  |  |
|  |  |
|  |  |
|  |  |

## Countdown

## Übersicht: Wer hat was geschenkt?

| Geschenk | Von wem? |
|---|---|
|  |  |
|  |  |
|  |  |
|  |  |
|  |  |
|  |  |
|  |  |
|  |  |
|  |  |
|  |  |

# Das war unsere Hochzeit

> Mit Vorbereitung, Standesamt und Party dauert „der schönste Tag Ihres Lebens" zwar meist viel länger als nur einen Tag, aber spätestens nach den Flitterwochen, wenn die letzten Geschenke eingeräumt und alle Grußkarten verschickt sind, ist das Projekt Hochzeit endgültig vorbei.
>
> Sie werden als Ehepaar viele andere gemeinsame Highlights erleben – das spezielle Gefühl einer Hochzeit allerdings läßt sich nicht wiederholen. Die Souvenirs dieses Tages – von der Menükarte bis zur getrockneten Blume aus dem Hochzeitsstrauß – helfen, die Erinnerung daran wach zu halten.

*Unsere Hochzeit*

Unser Hochzeitsfoto

# Textentwurf für das Dankschreiben

*Unsere Hochzeit*

Foto

Einladungskarte

*Unsere Hochzeit*

Menükarte

# Unsere schönsten Erlebnisse bei der Hochzeitsfeier:

*Unsere Hochzeit*

# Liebevoll ausgestattet – Memory books.

Texte im Infoteil von Manuela Göbel
**Bald kommt mein Baby –
das Schwangerschaftstagebuch**
Vom ersten Ultraschall bis zur Geburt
Hardcover-Ringbuch. 128 Seiten inklusive
Tagebuchteil, zahlreiche Farbfotos,
durchgehend illustriert.
ISBN 3-930723-12-3

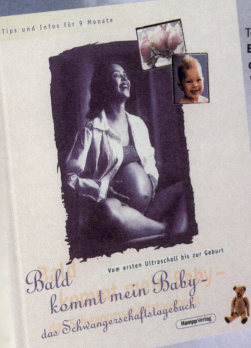

Texte im Infoteil von Ingrid Kluge
**Mein erstes Lebensjahr – das Tagebuch**
Vom ersten Schrei zum ersten Wort
Hardcover-Ringbuch. 128 Seiten
inklusive Tagebuchteil, zahlreiche
Farbfotos, durchgehend illustriert.
ISBN 3-930723-13-1

Fordern Sie unser Verlagsprogramm an:
**Hampp**Verlag Stuttgart
Tel. 07 11 / 78 292 140